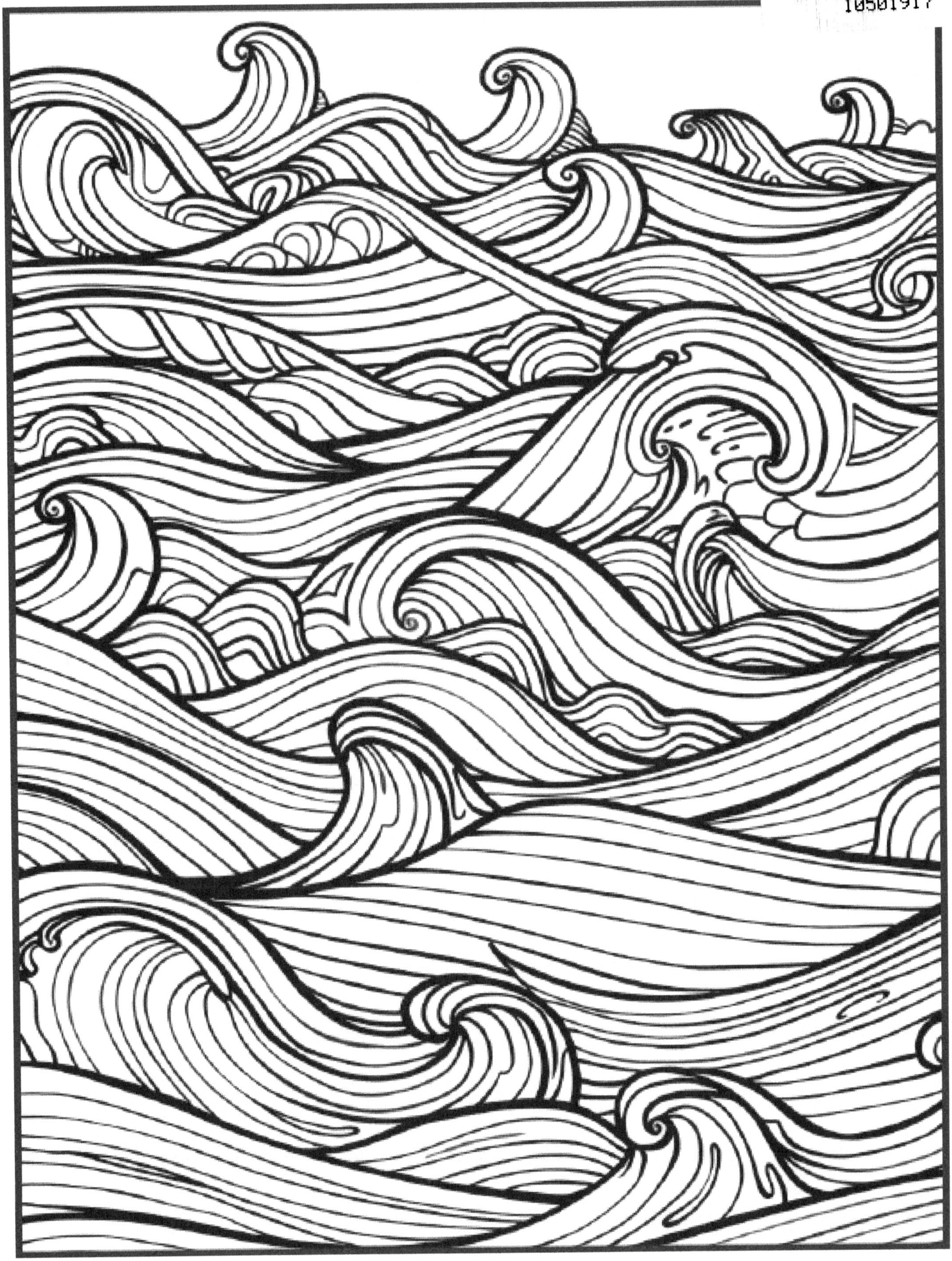

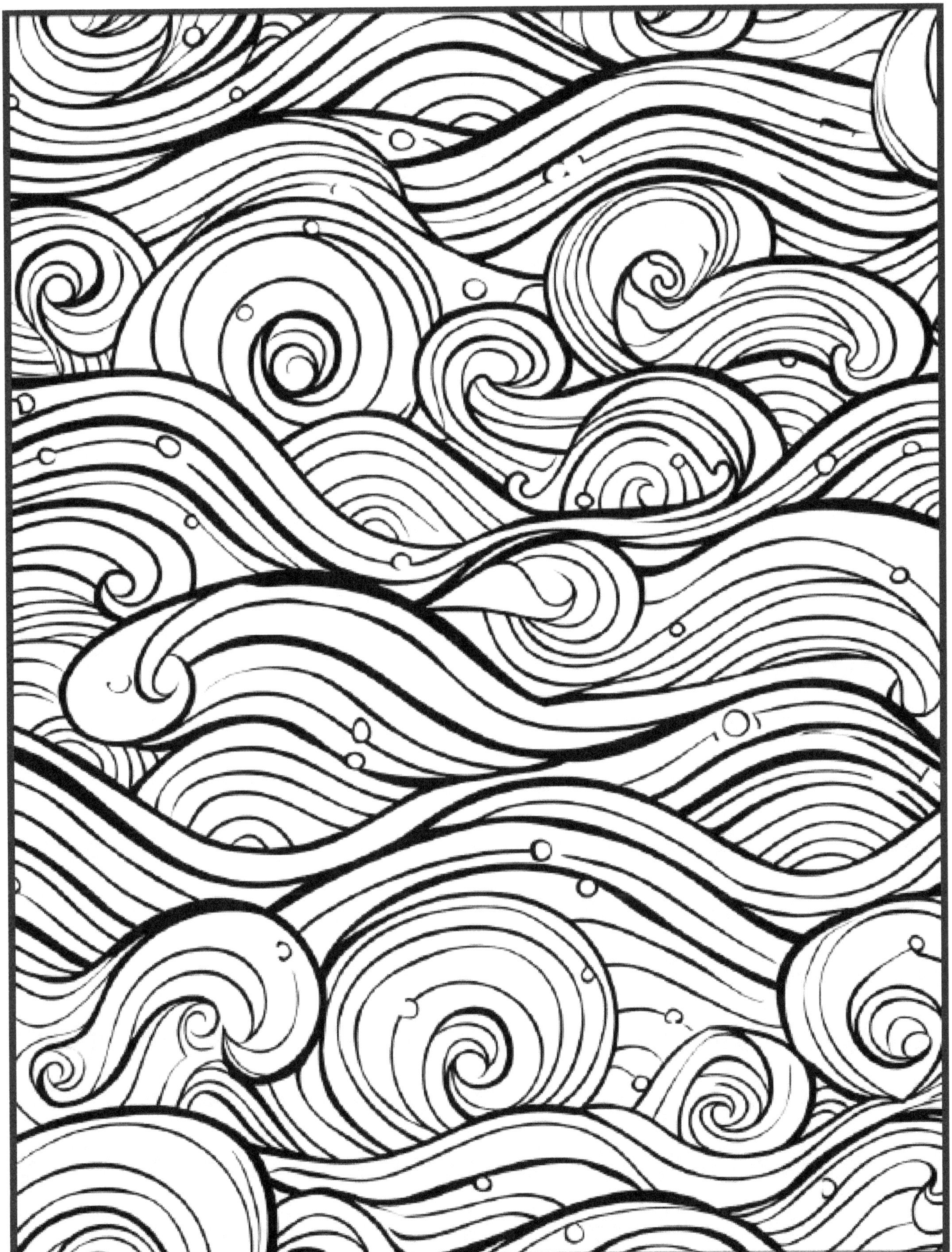

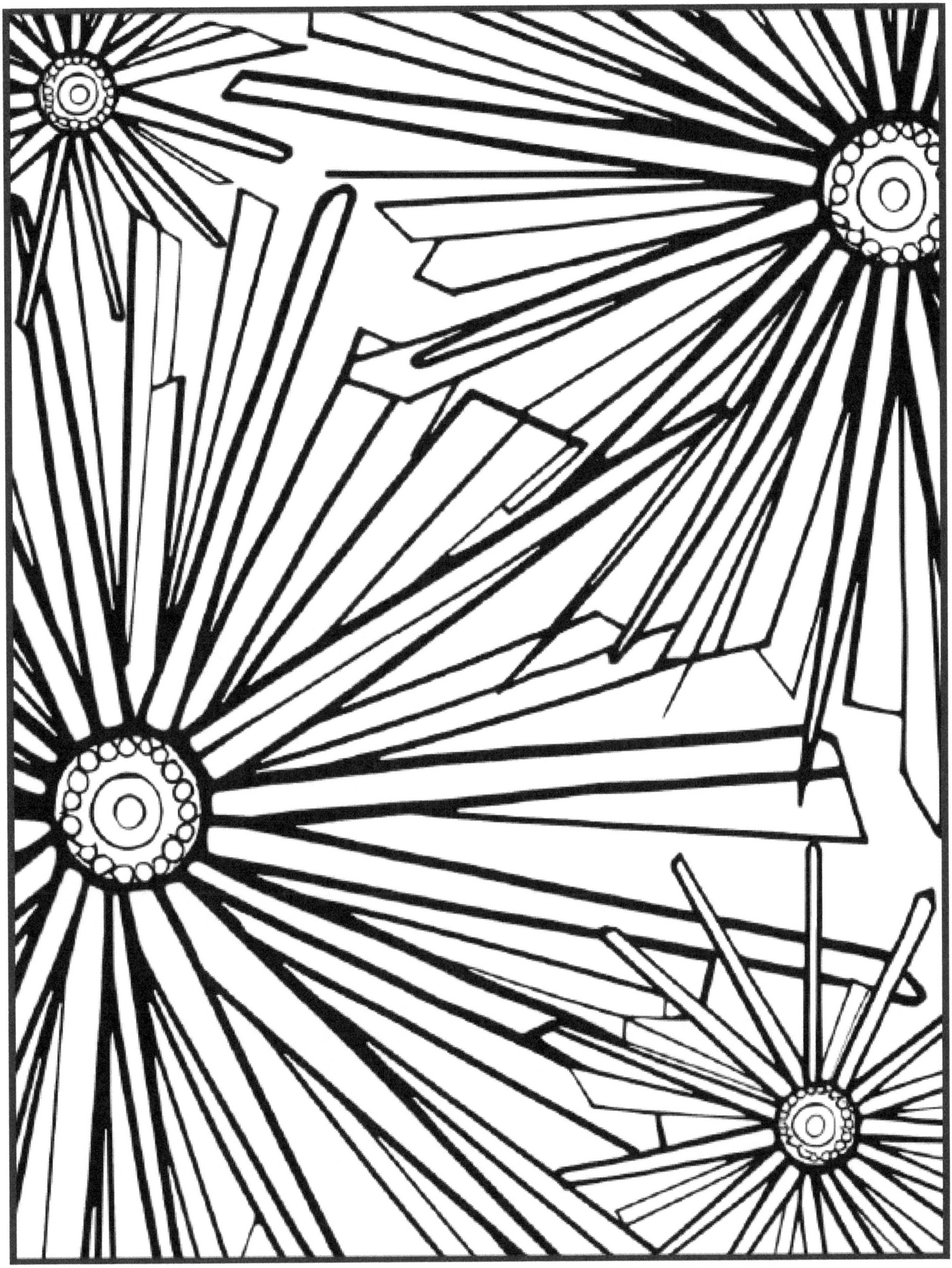

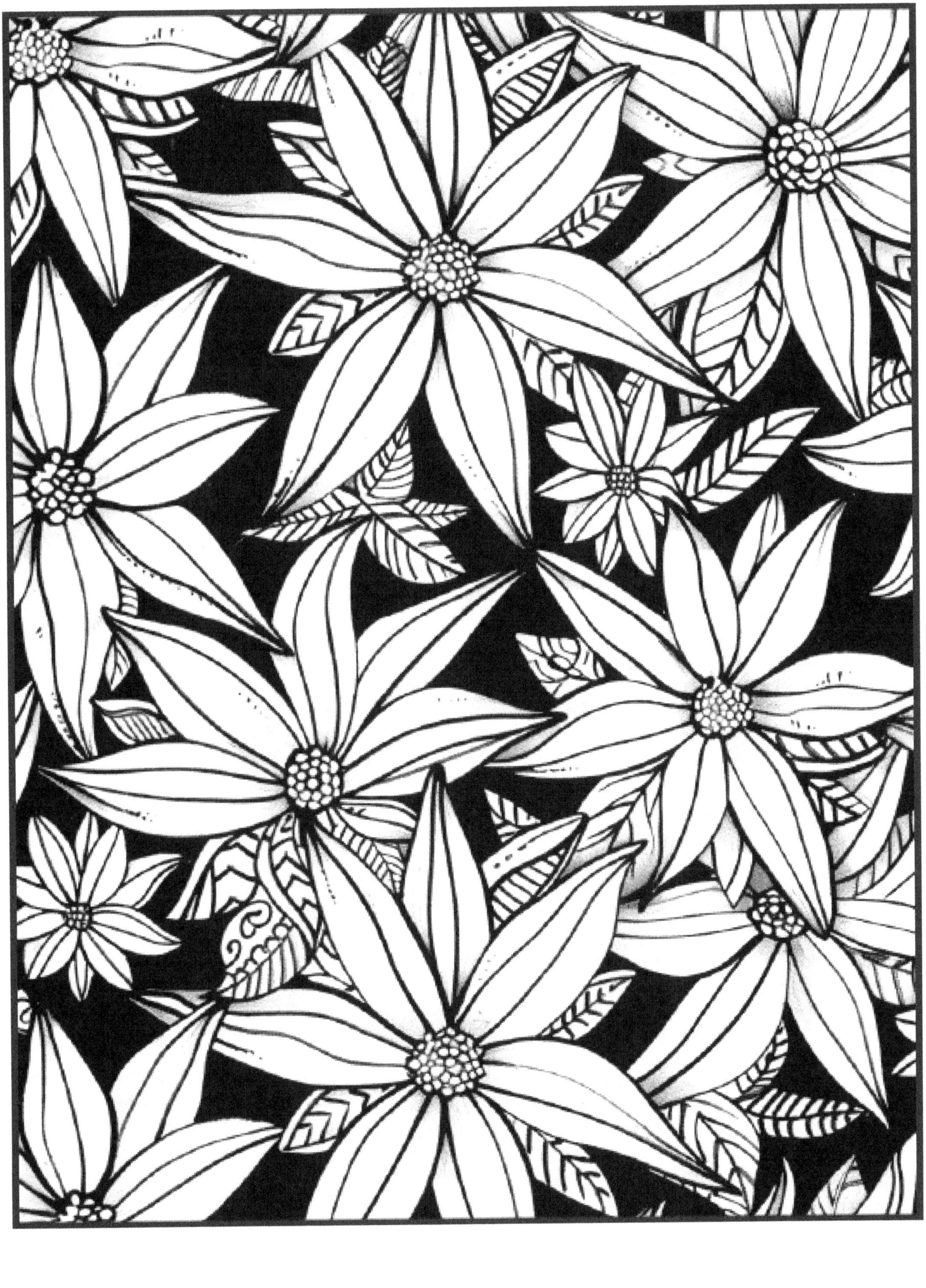

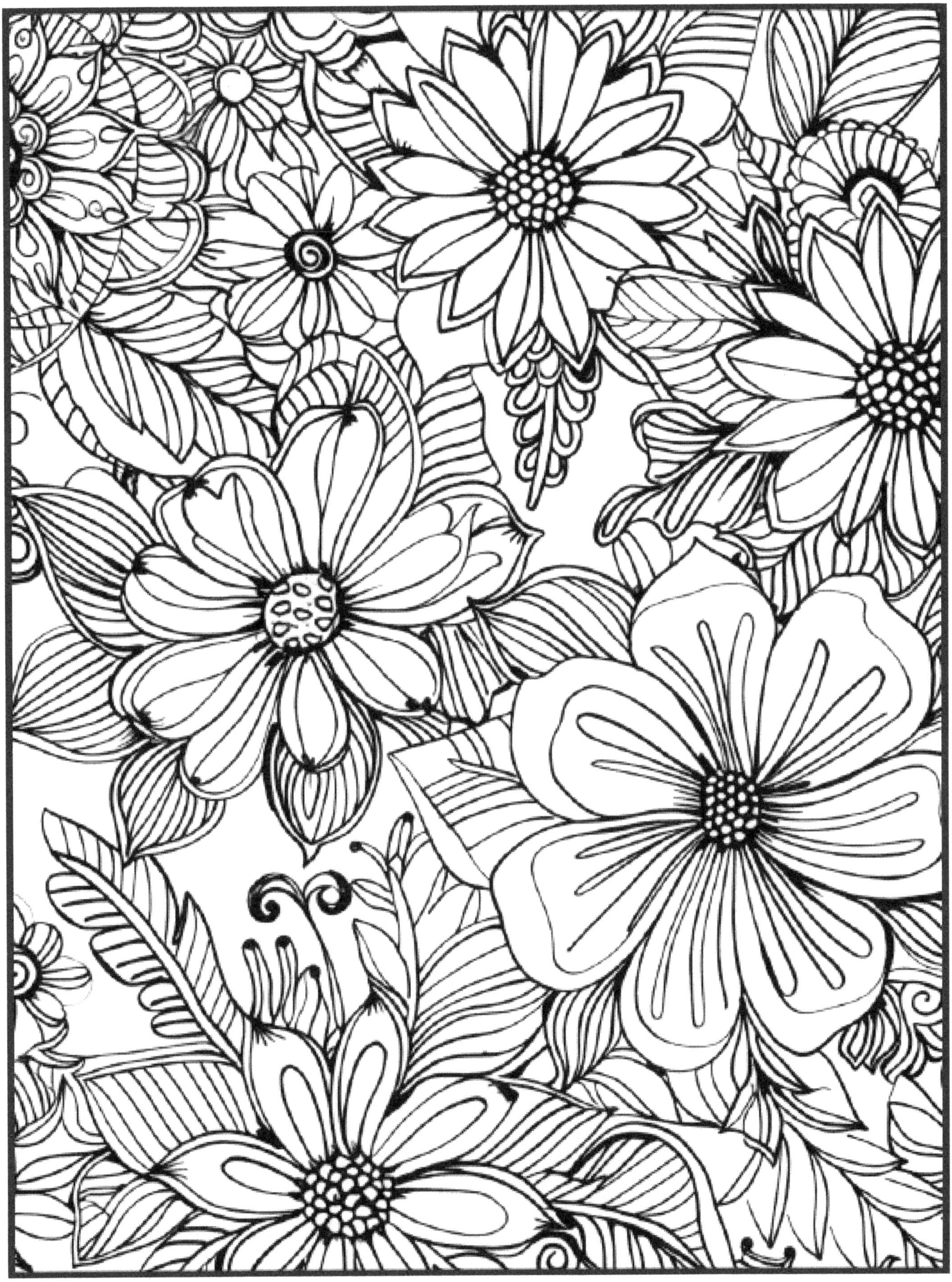

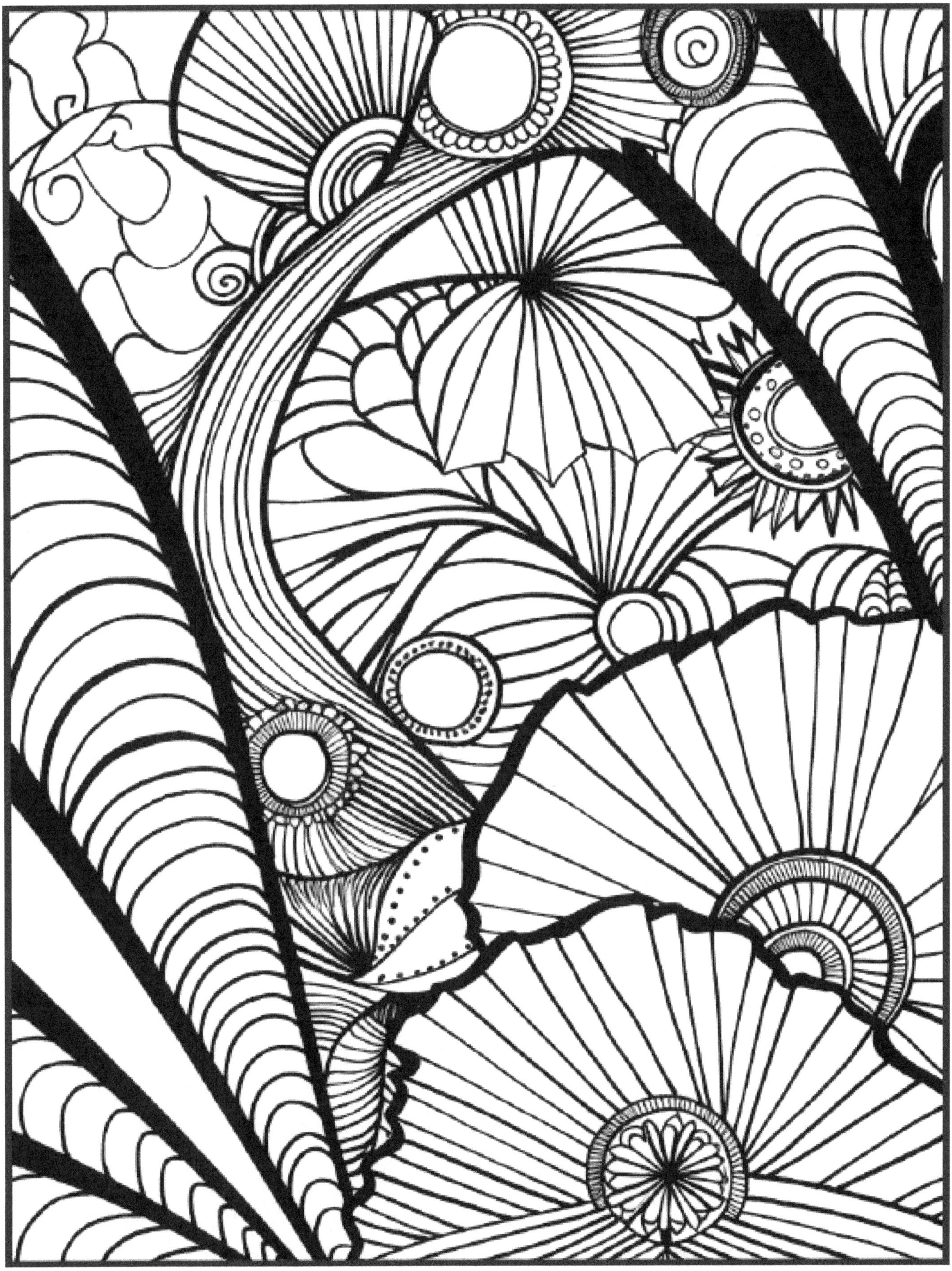

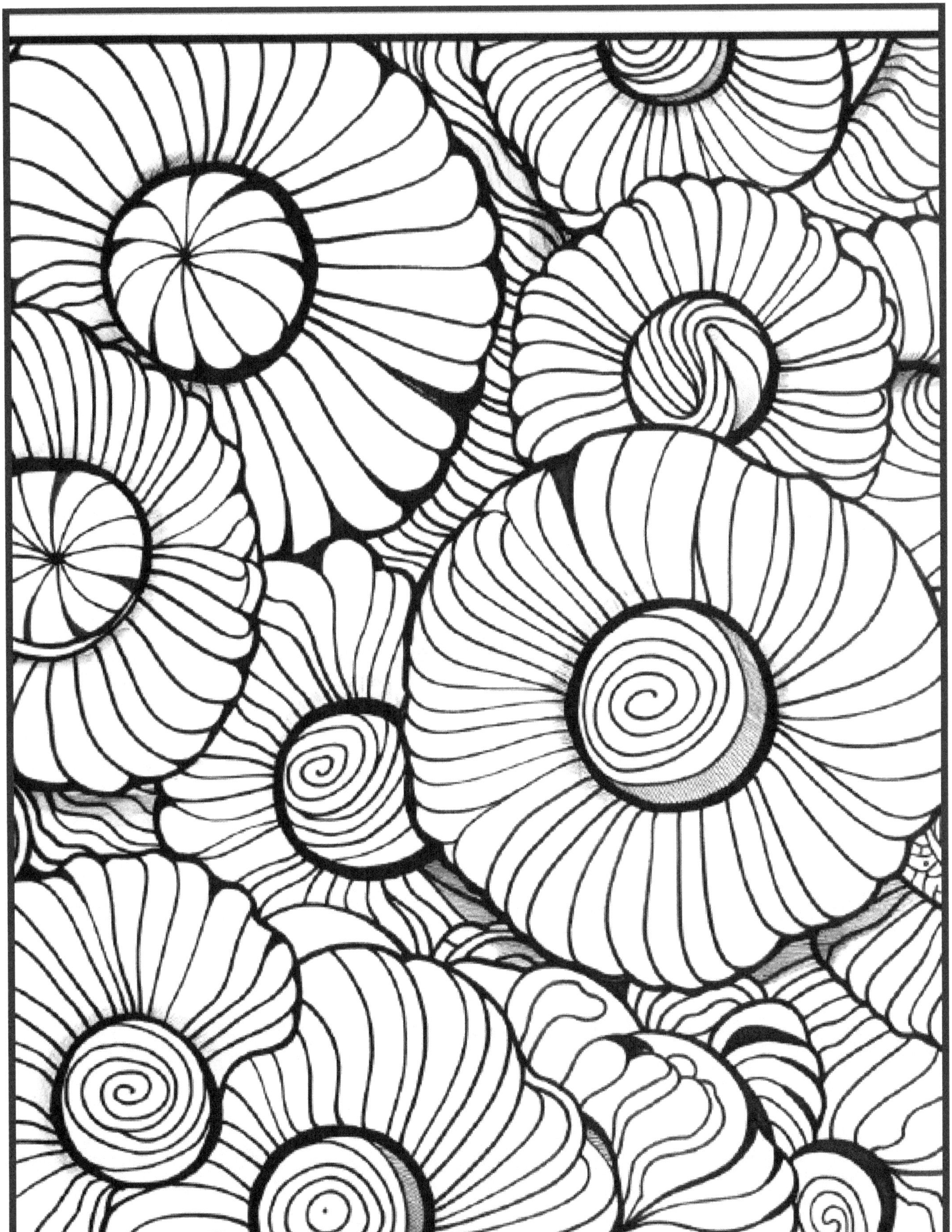

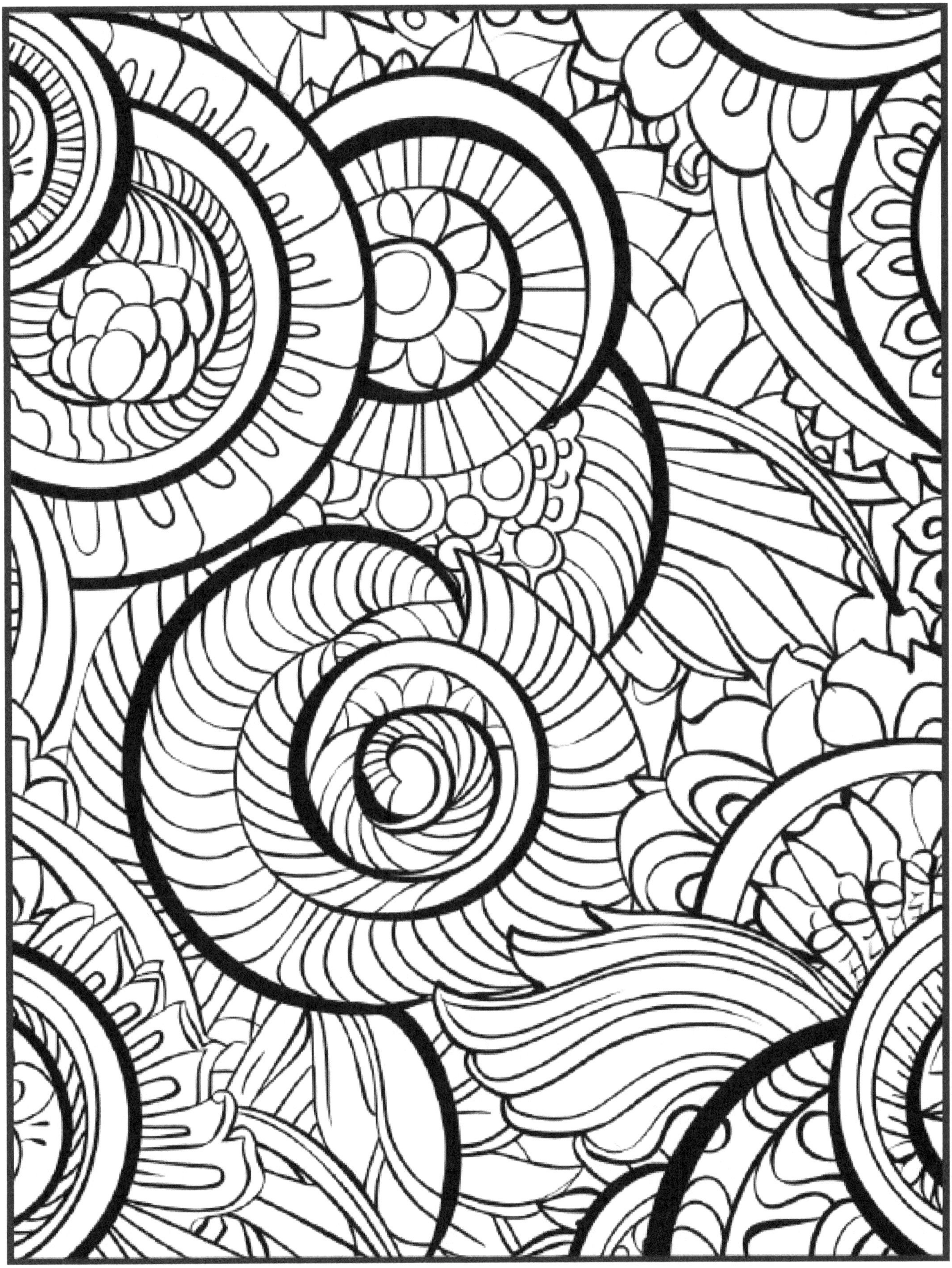

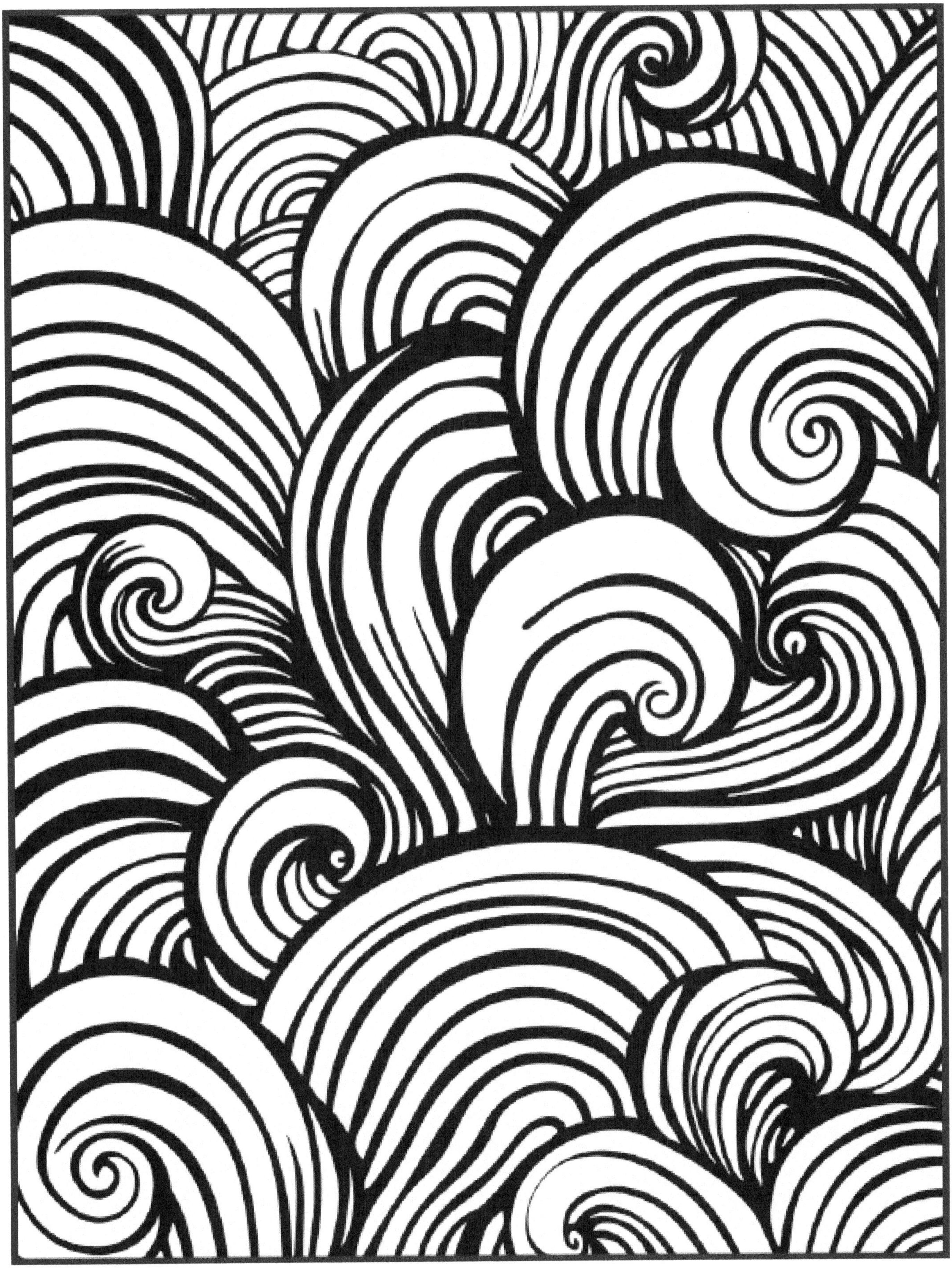

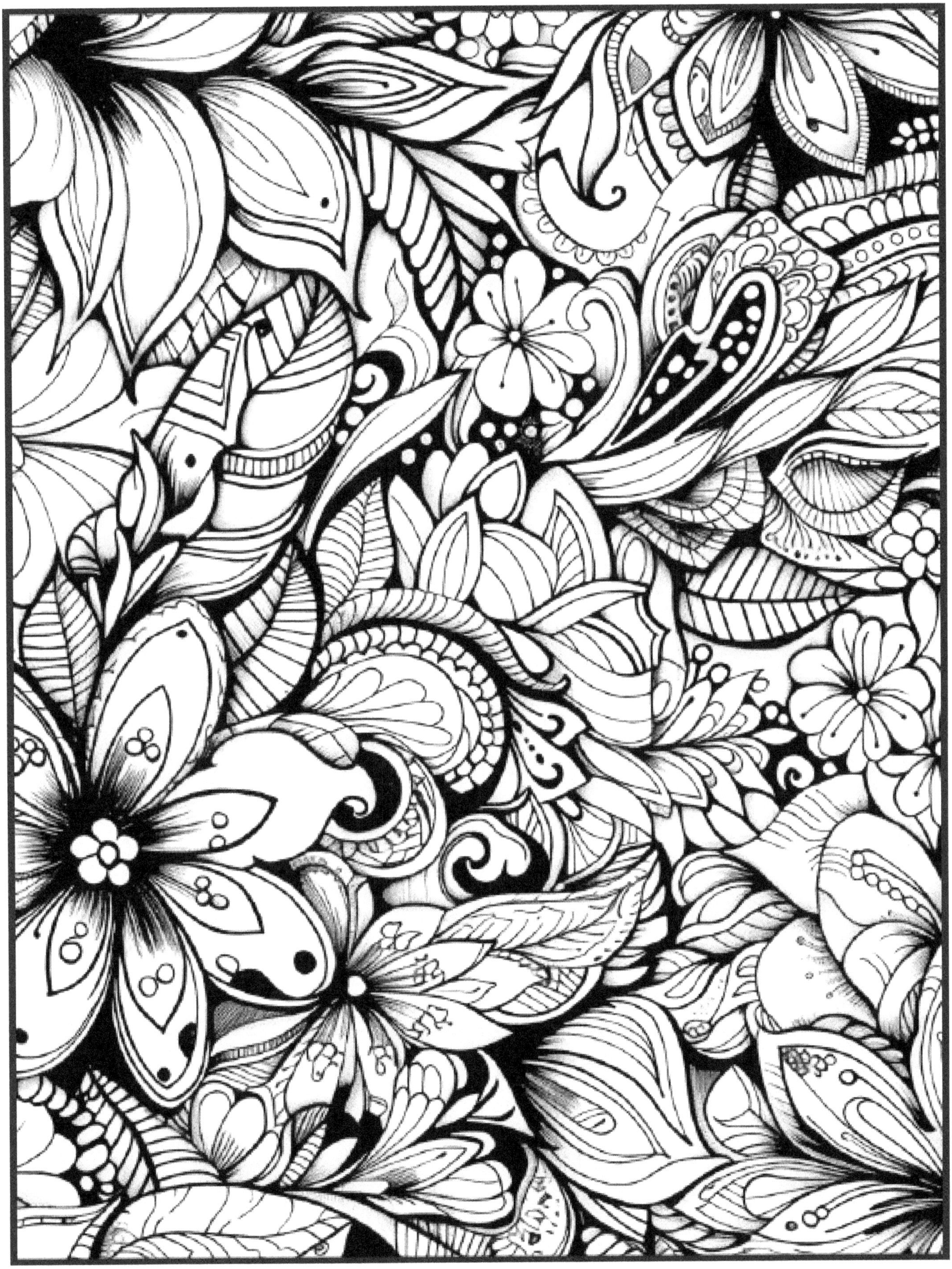

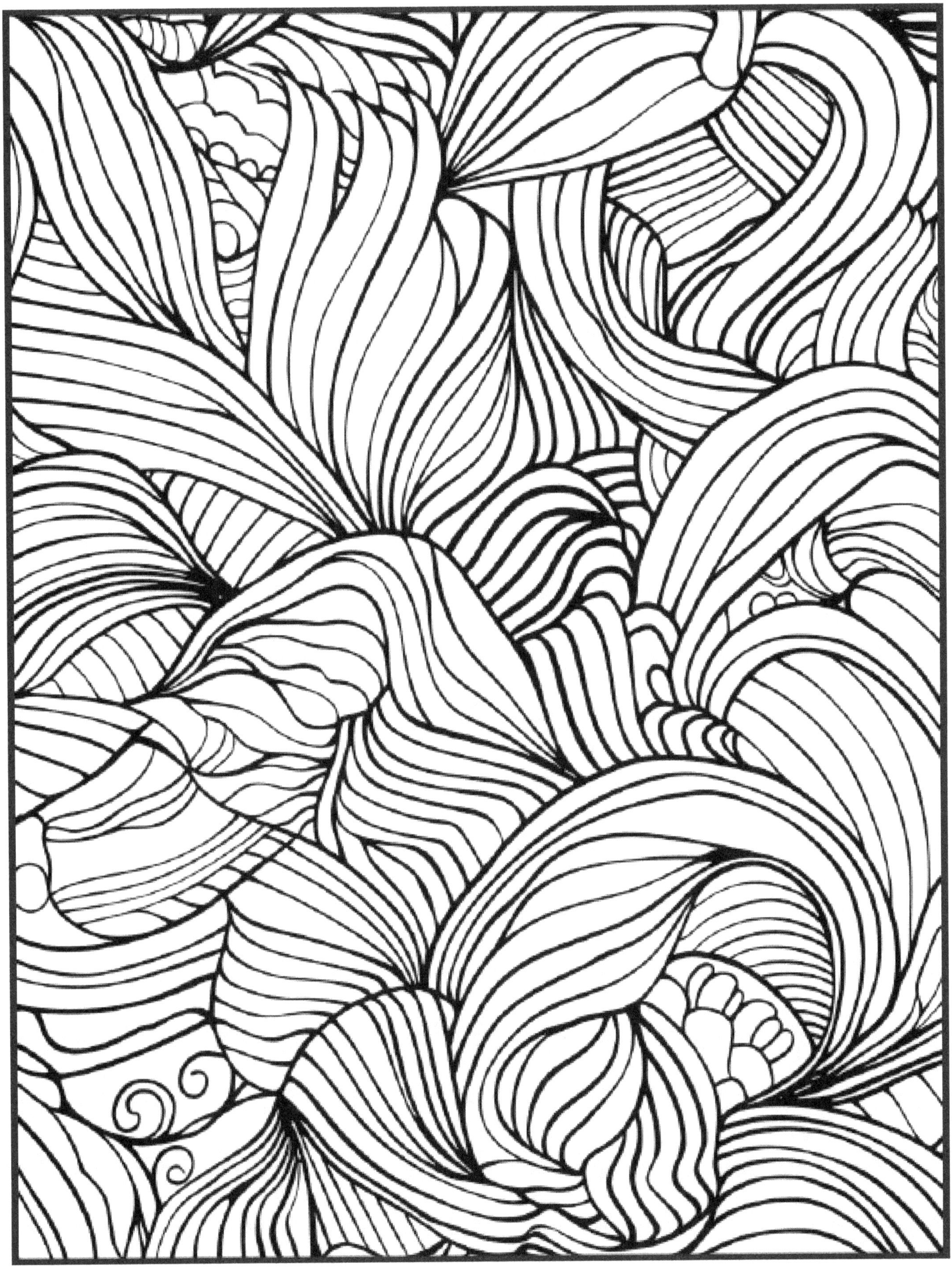

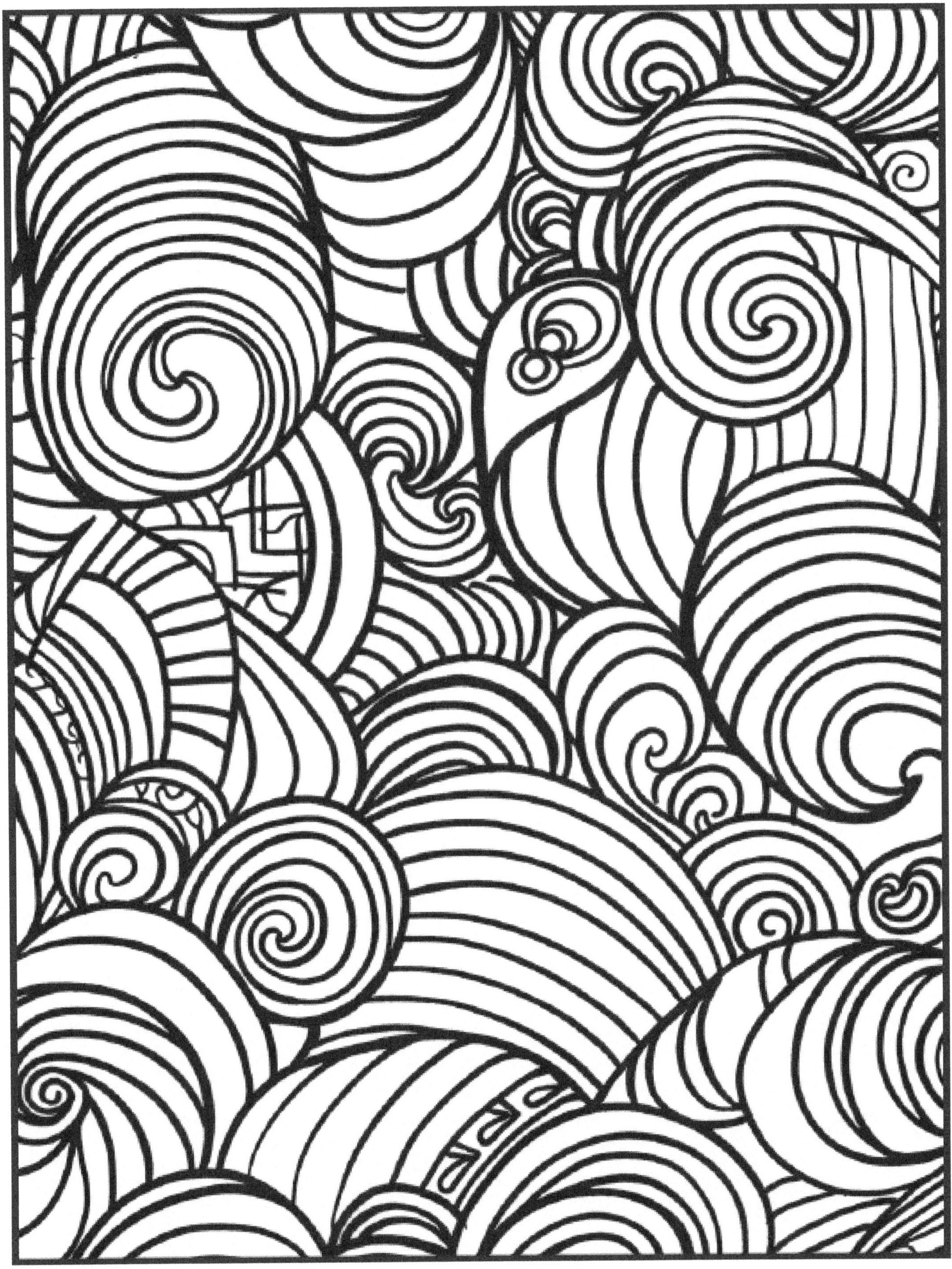

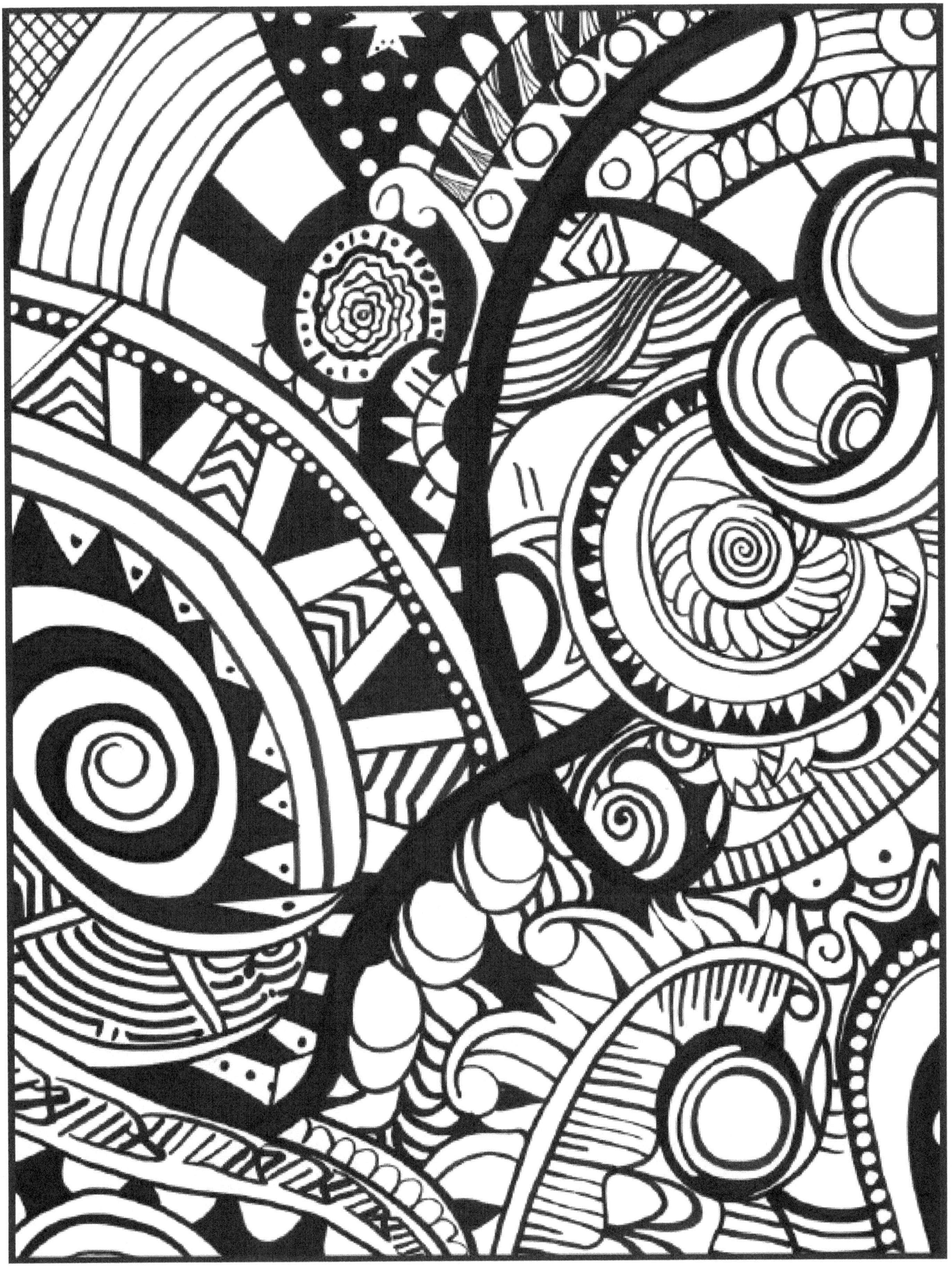

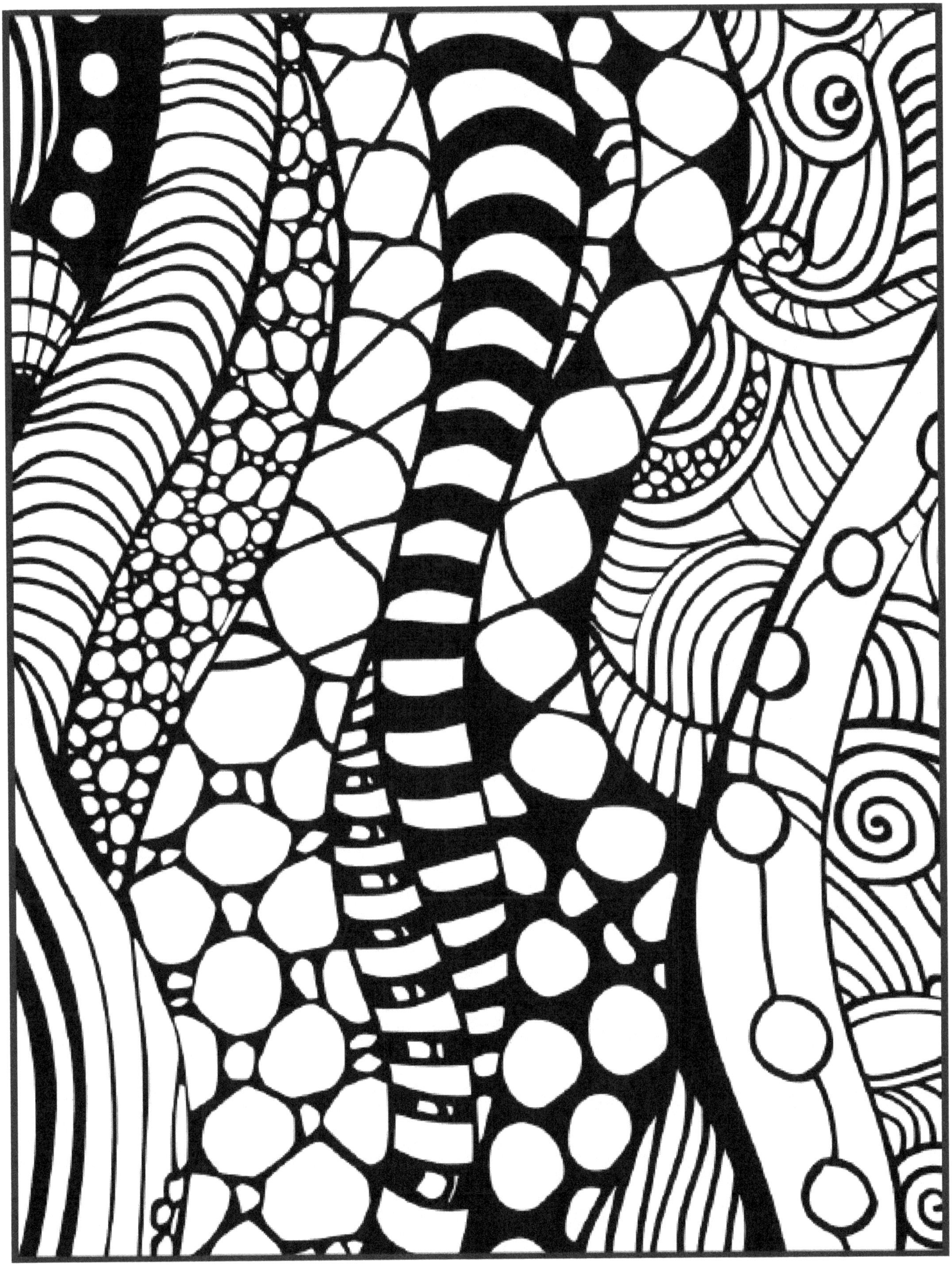

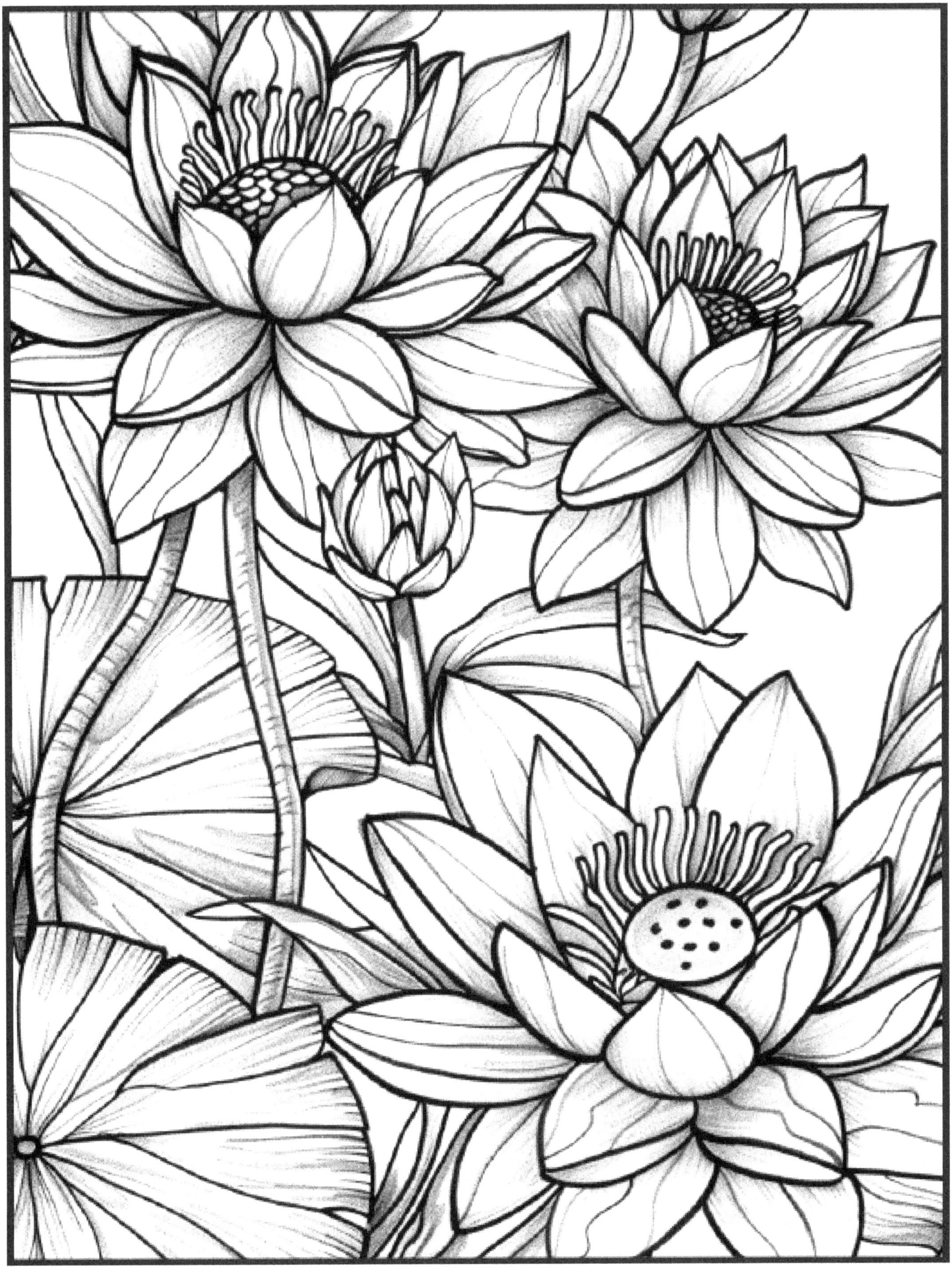

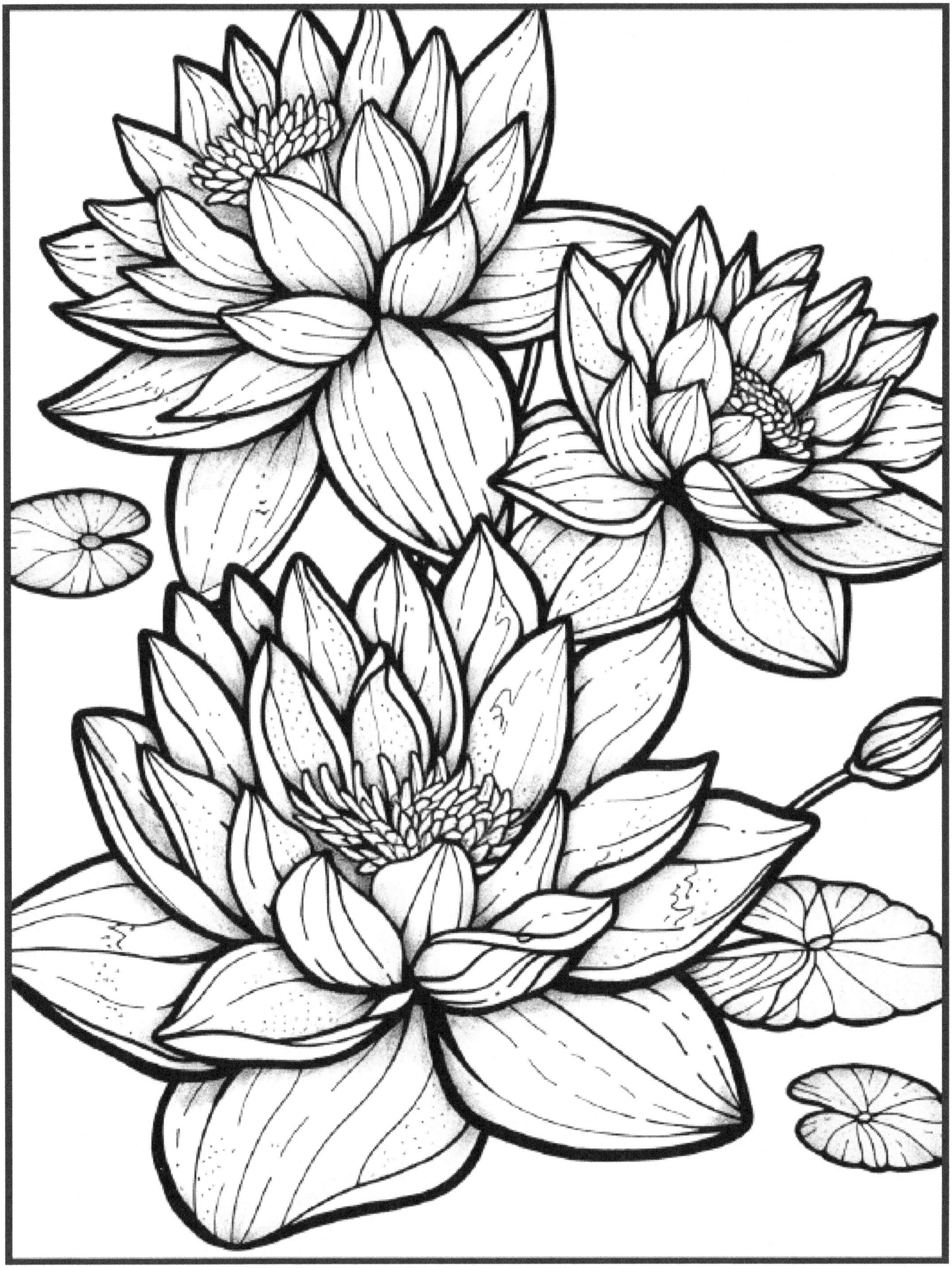

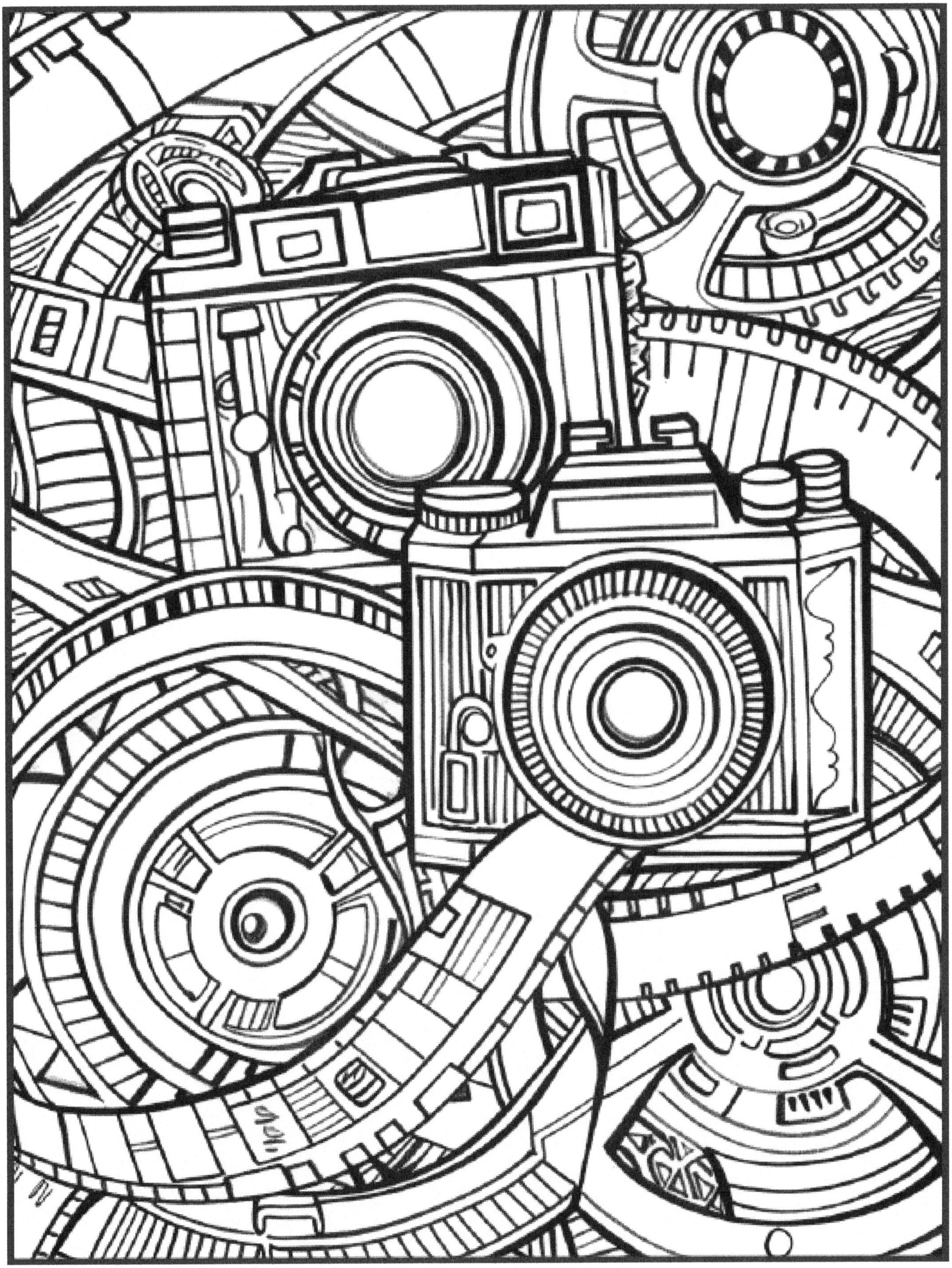

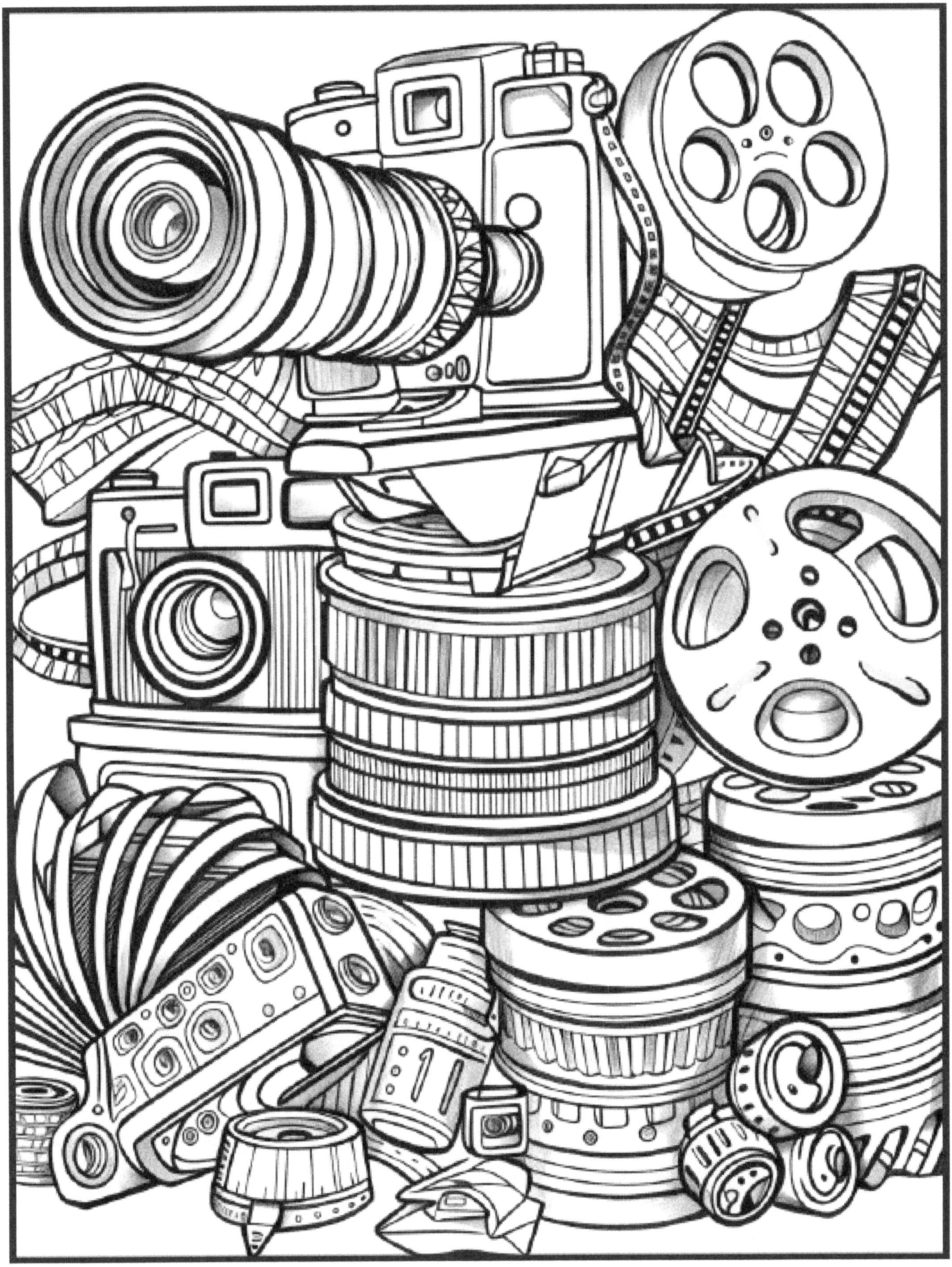

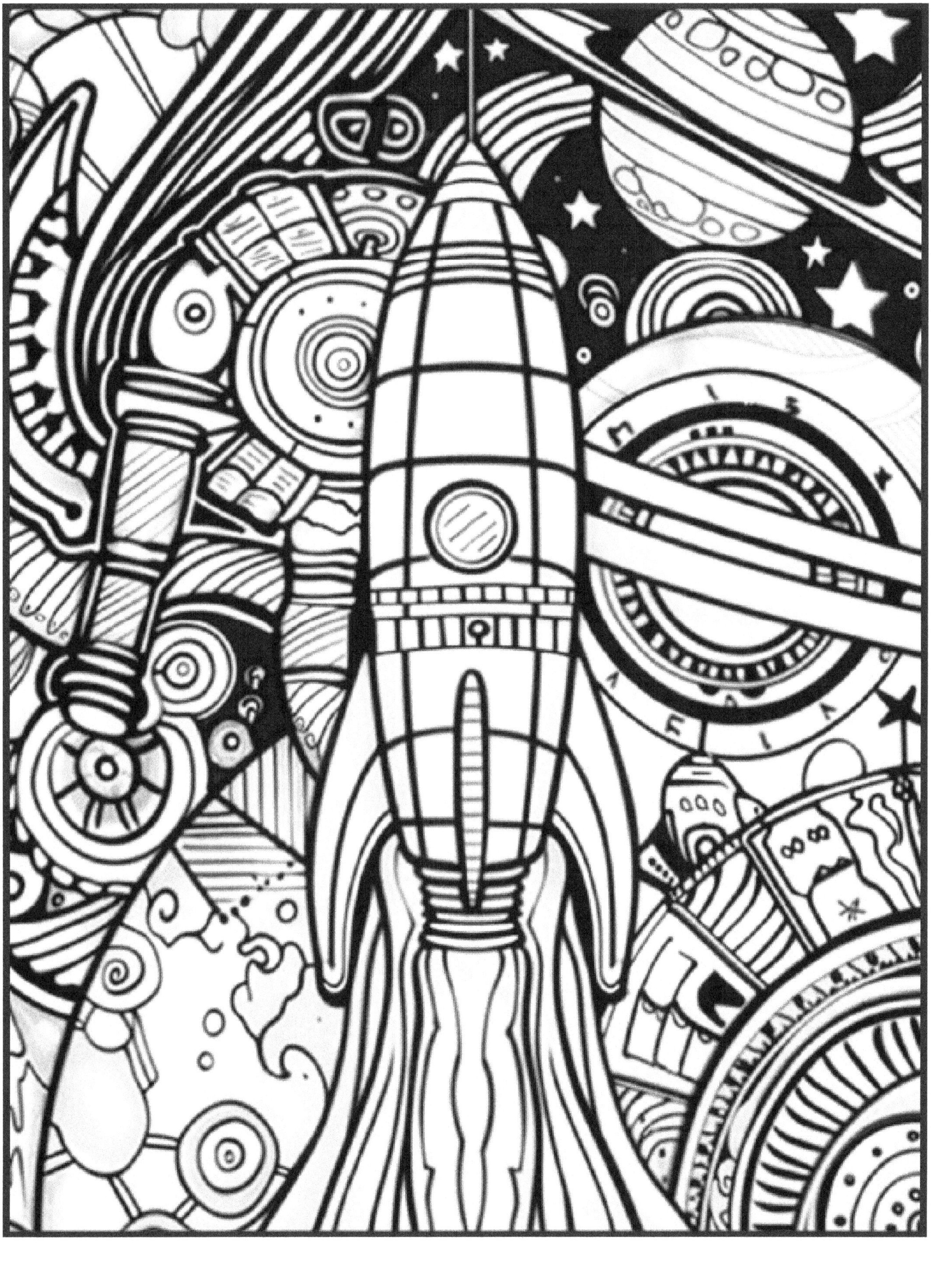

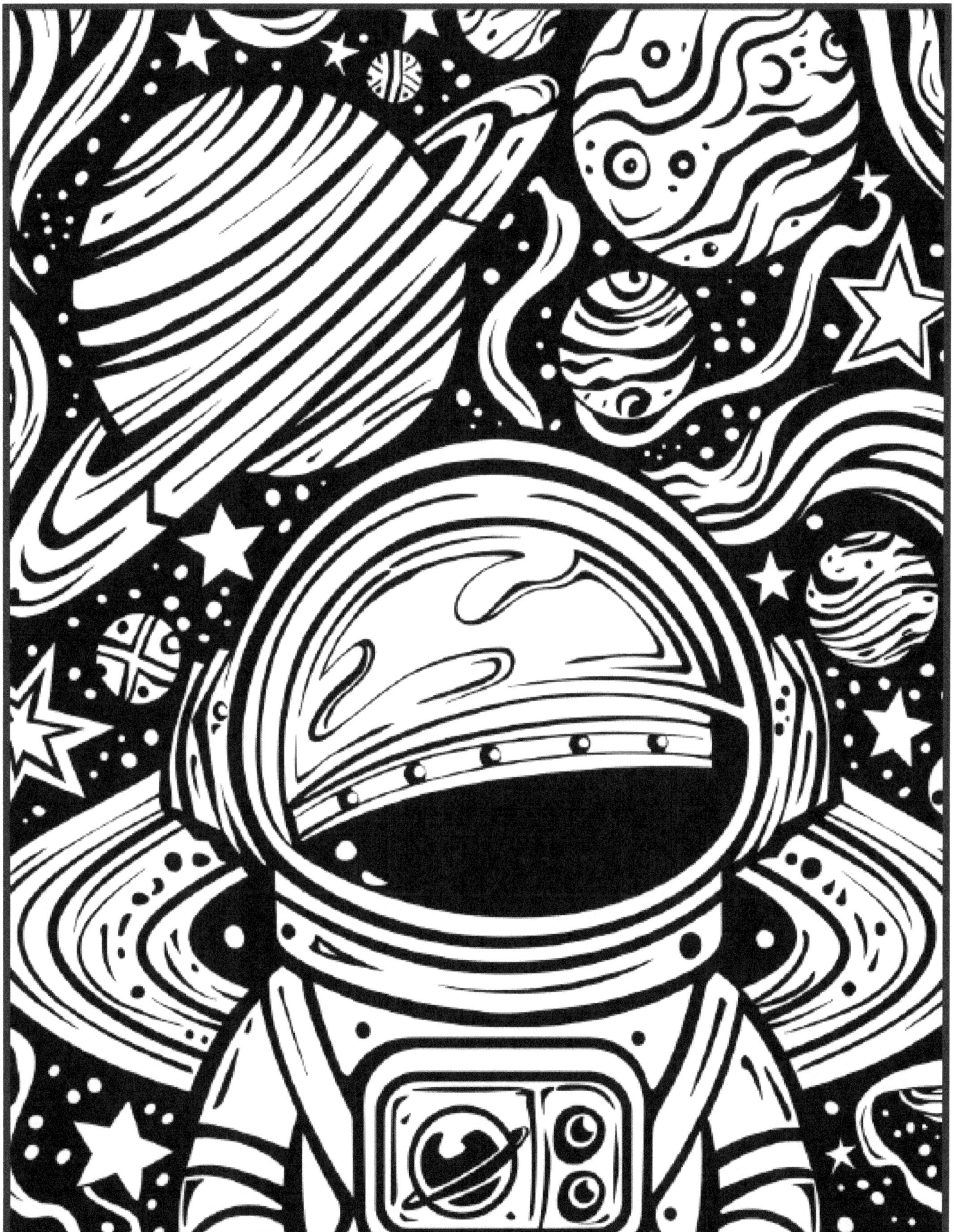

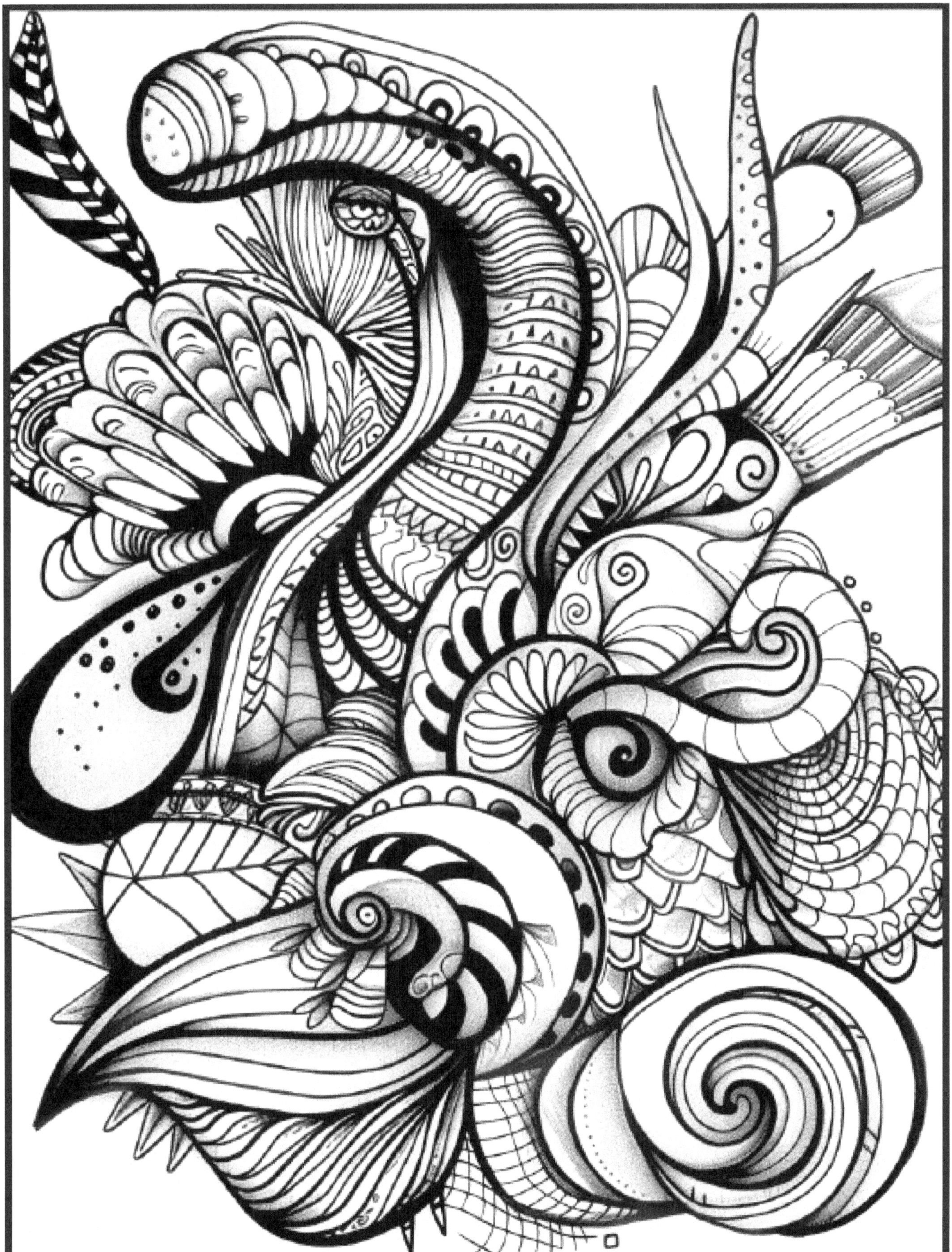

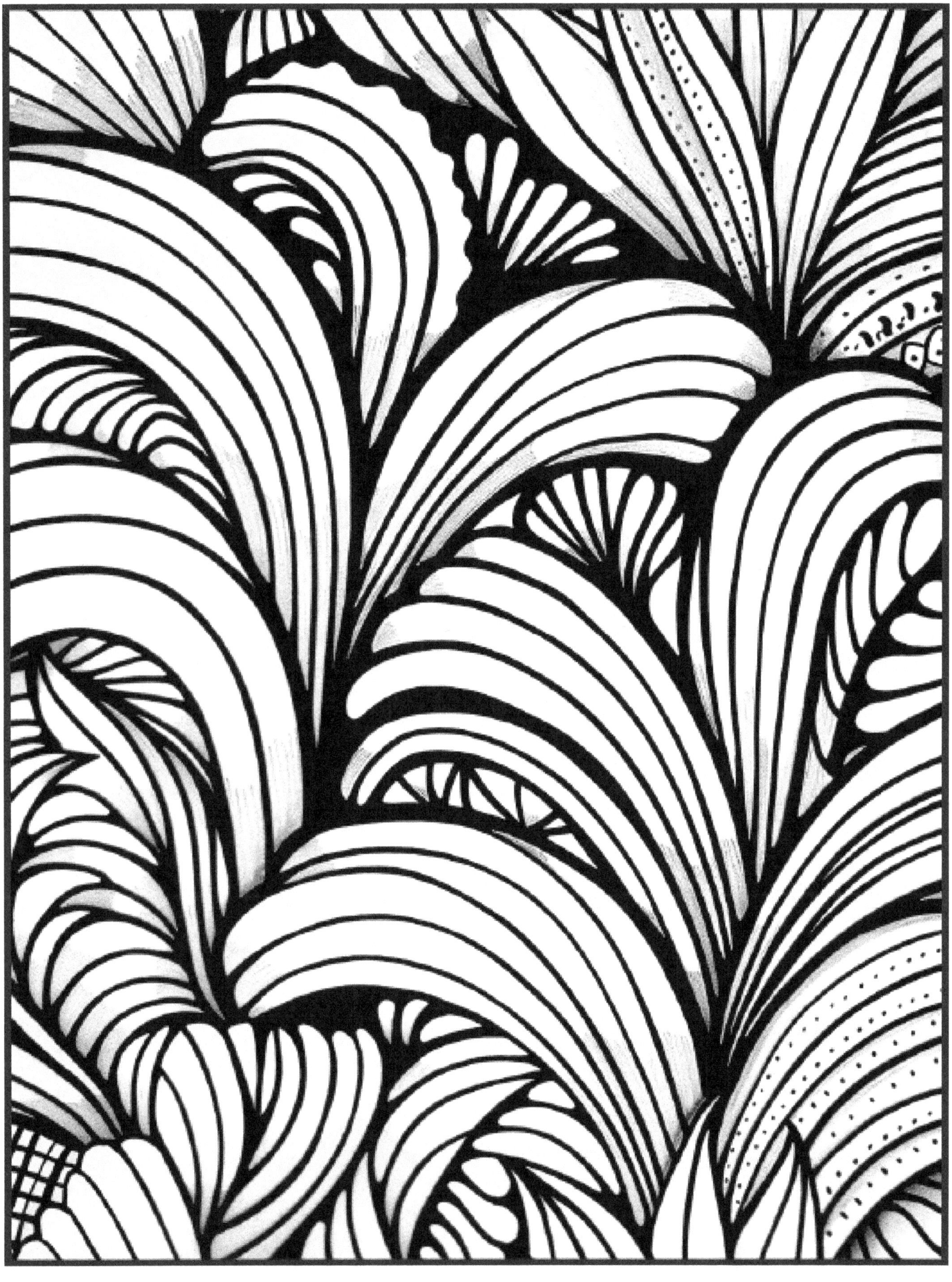

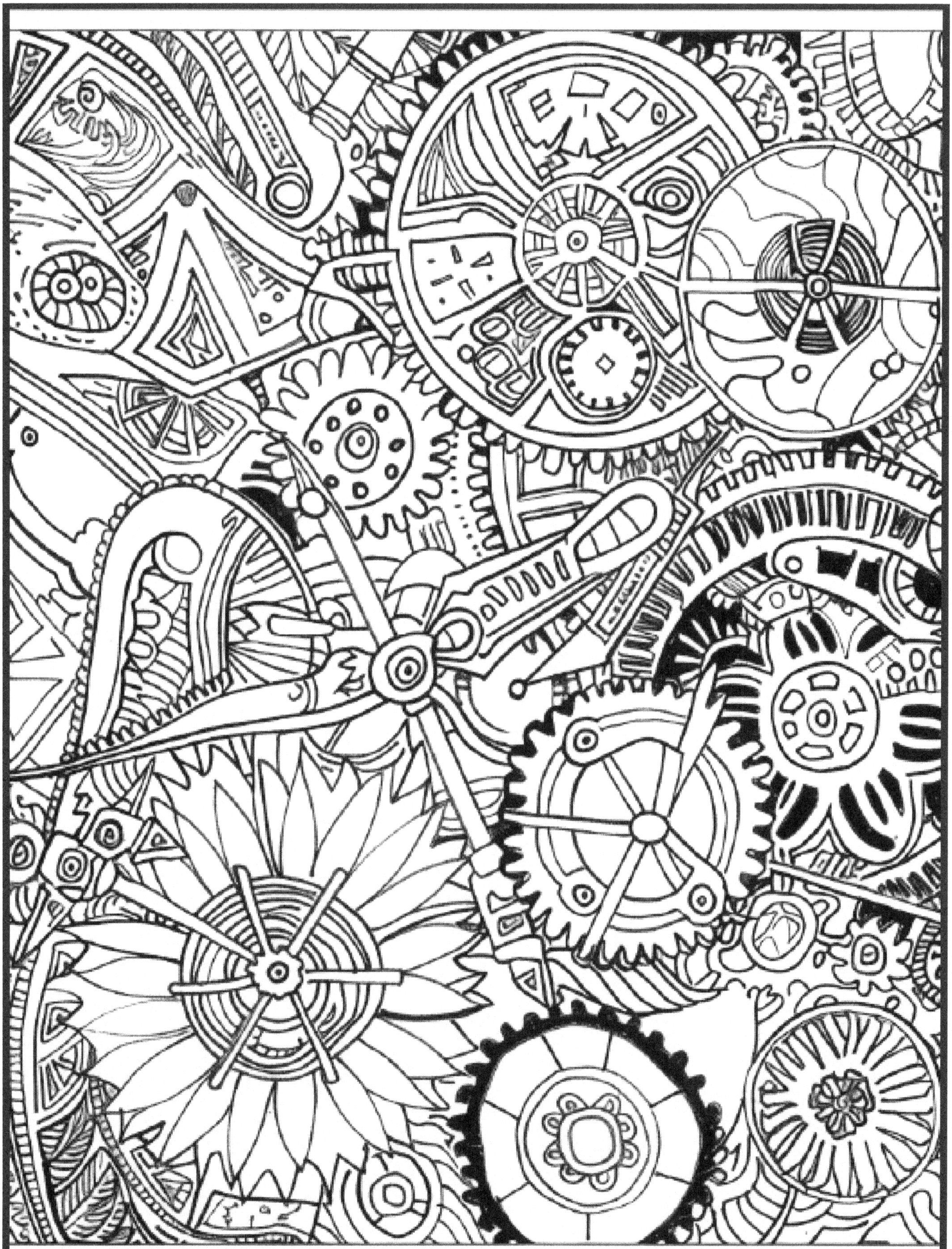

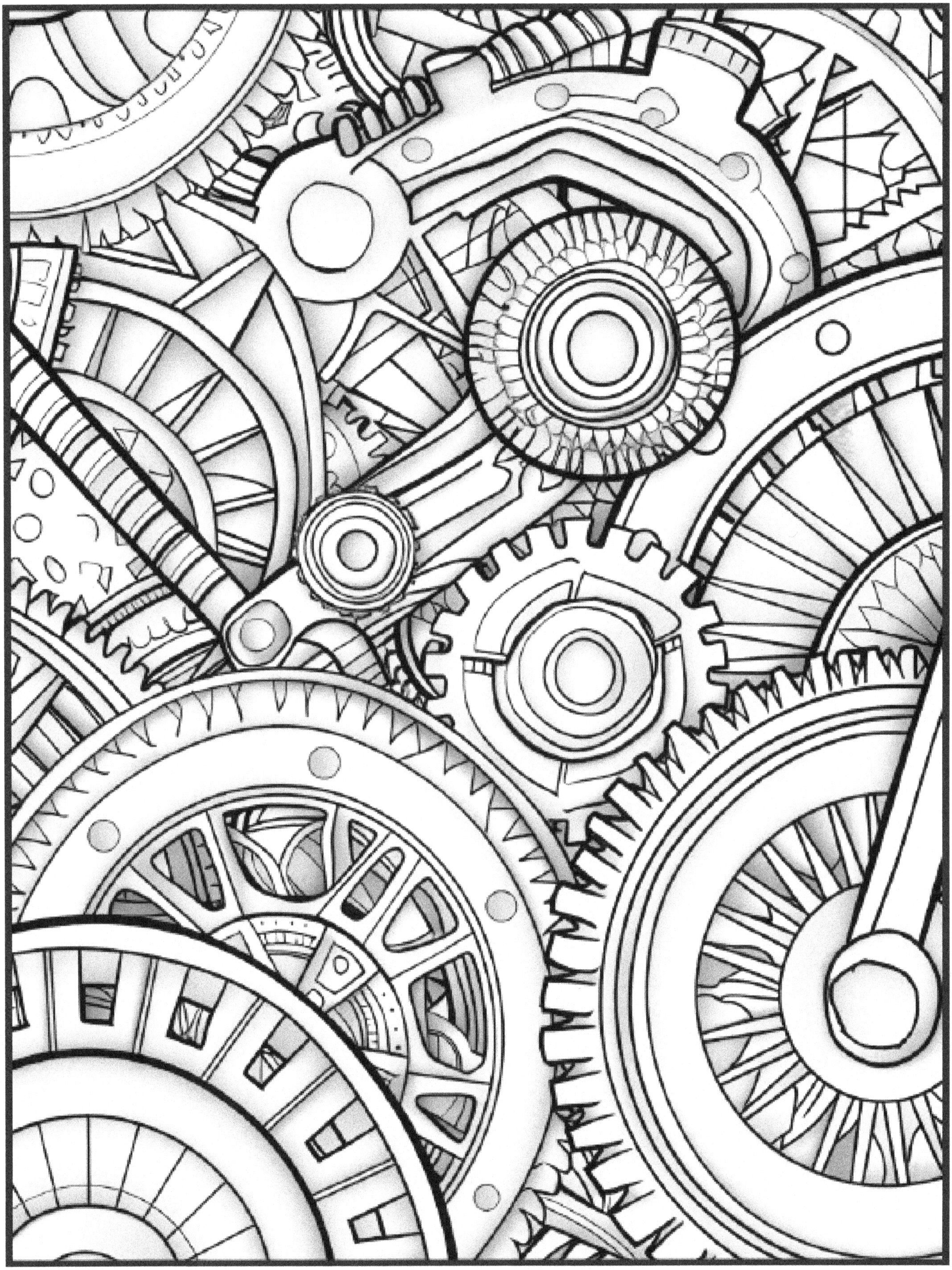

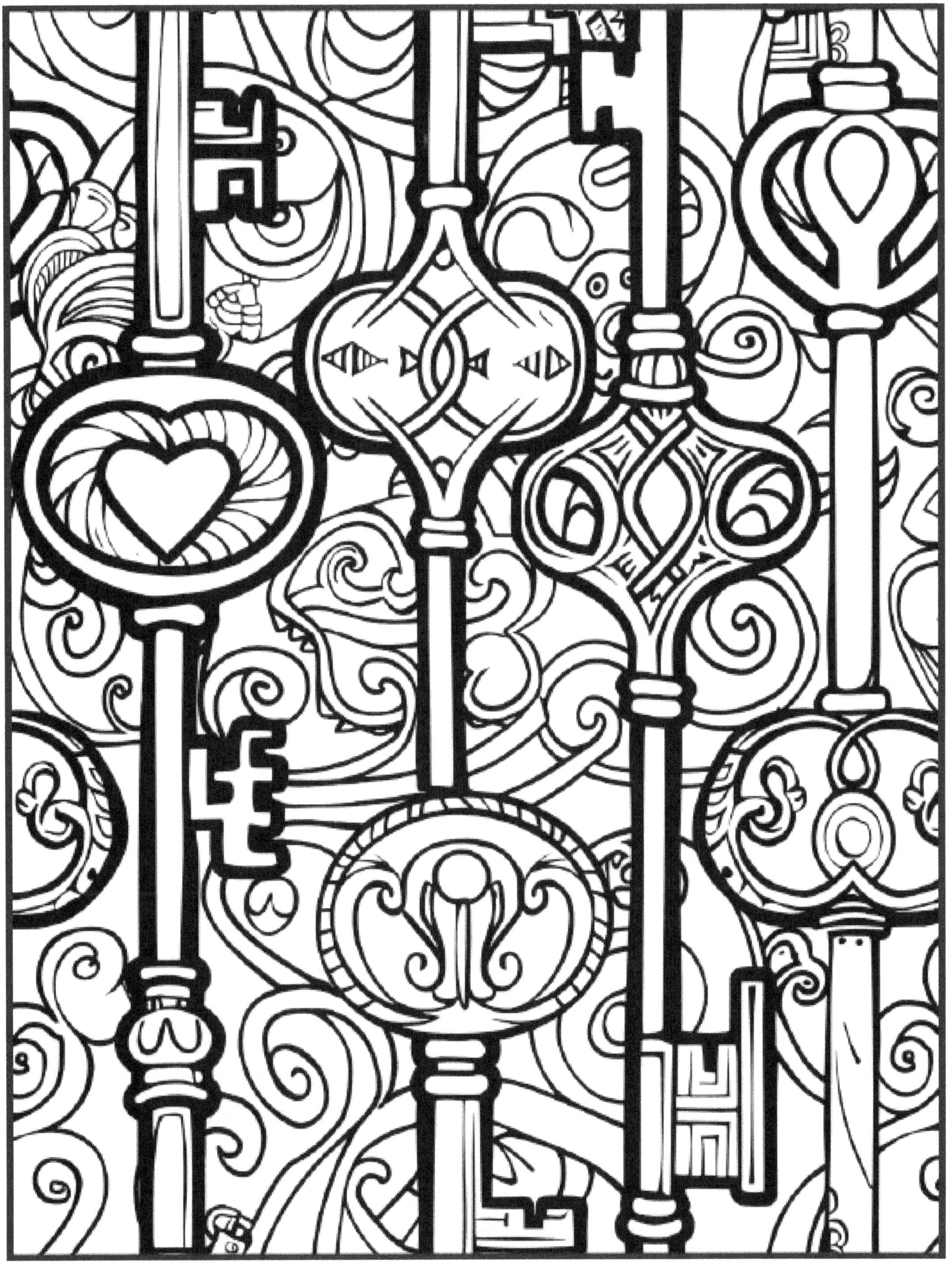

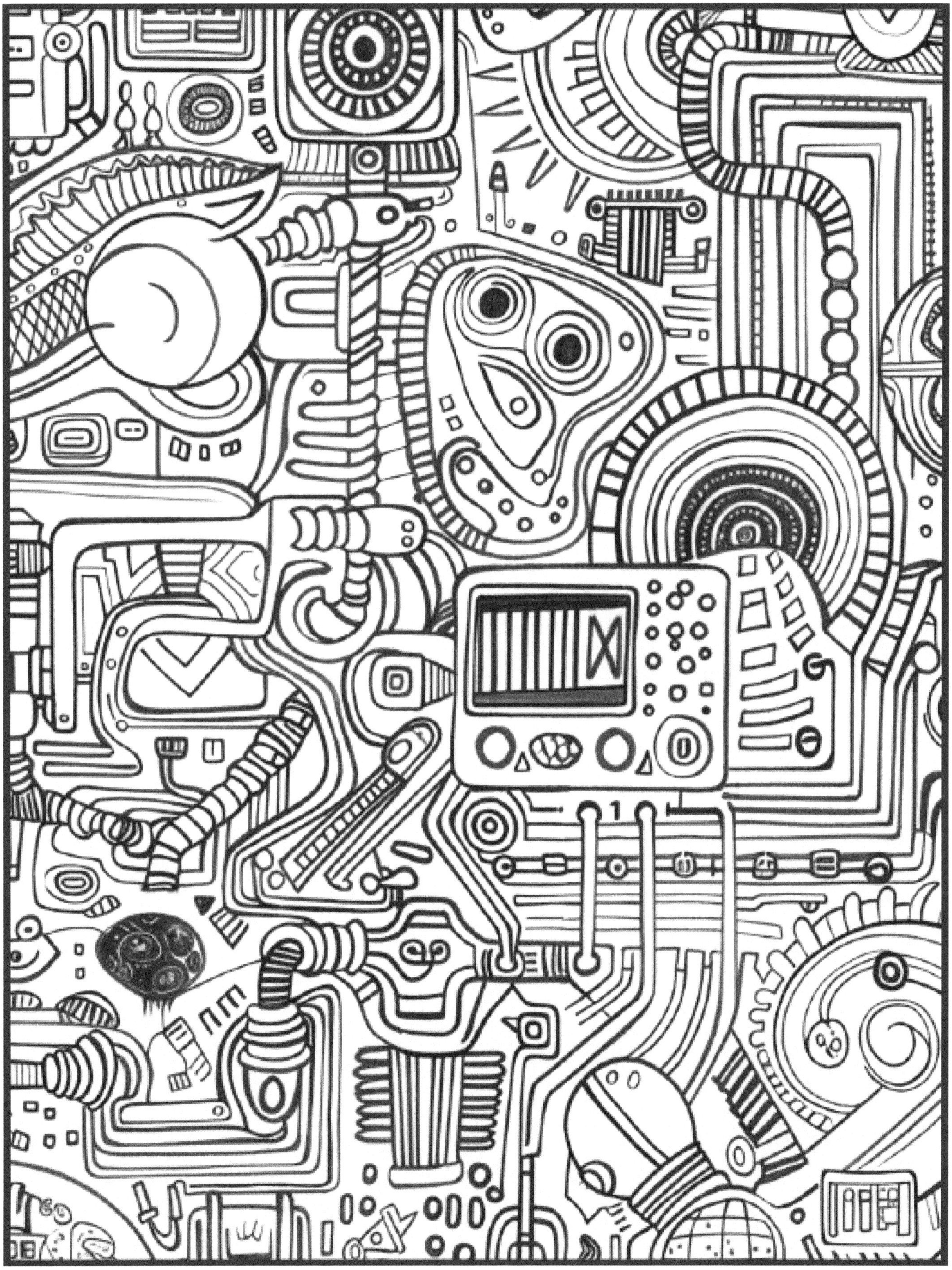

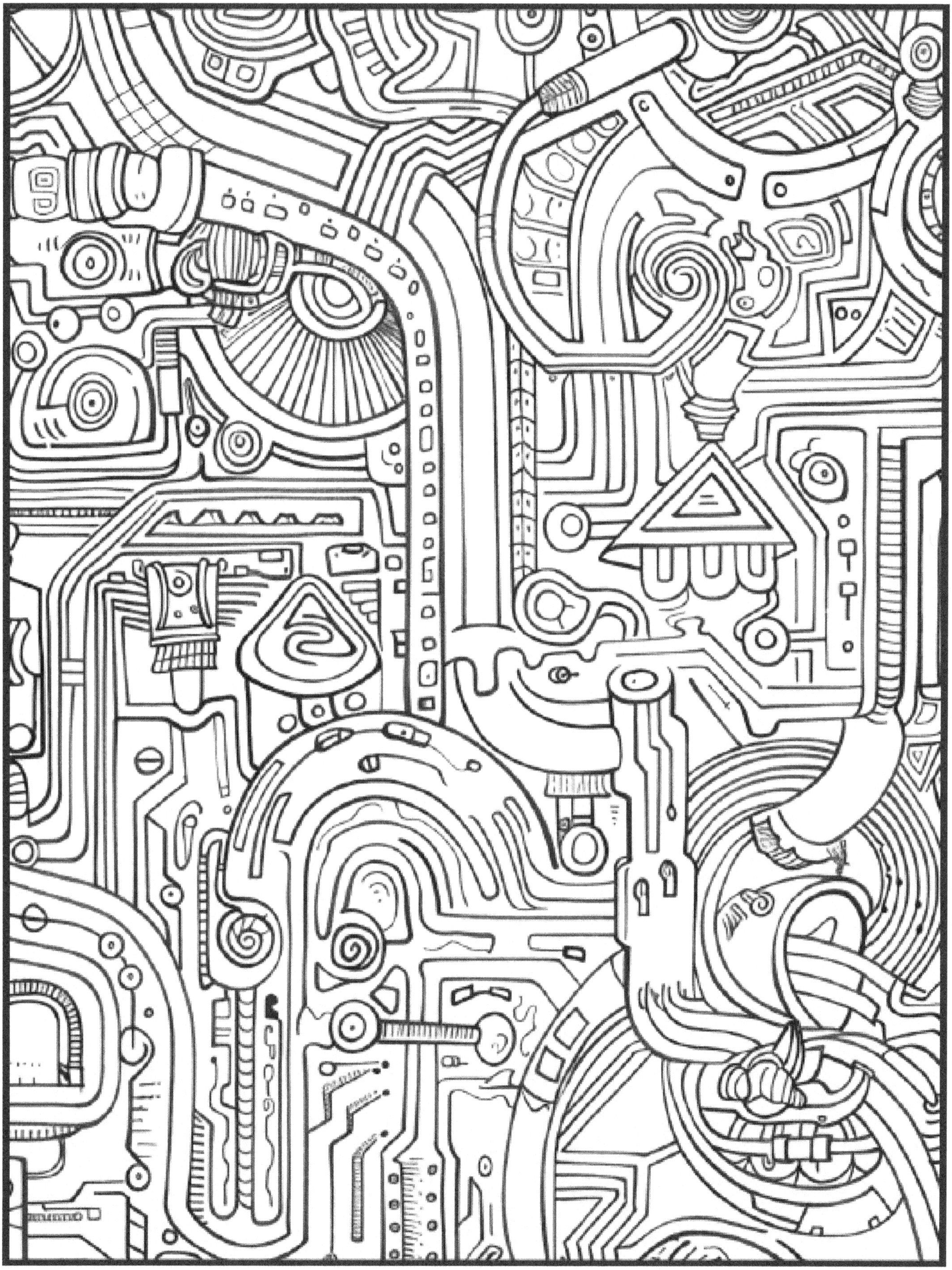

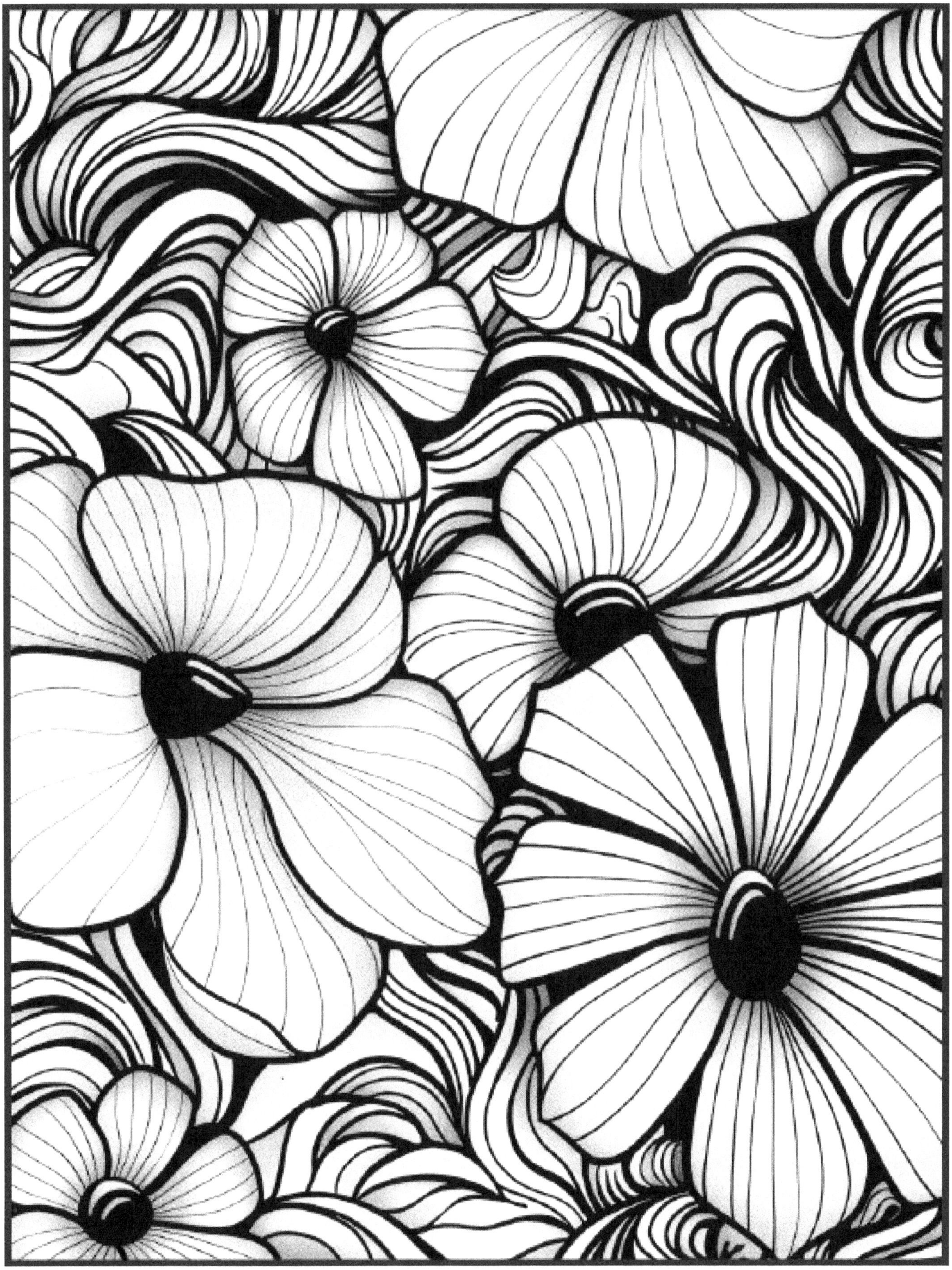

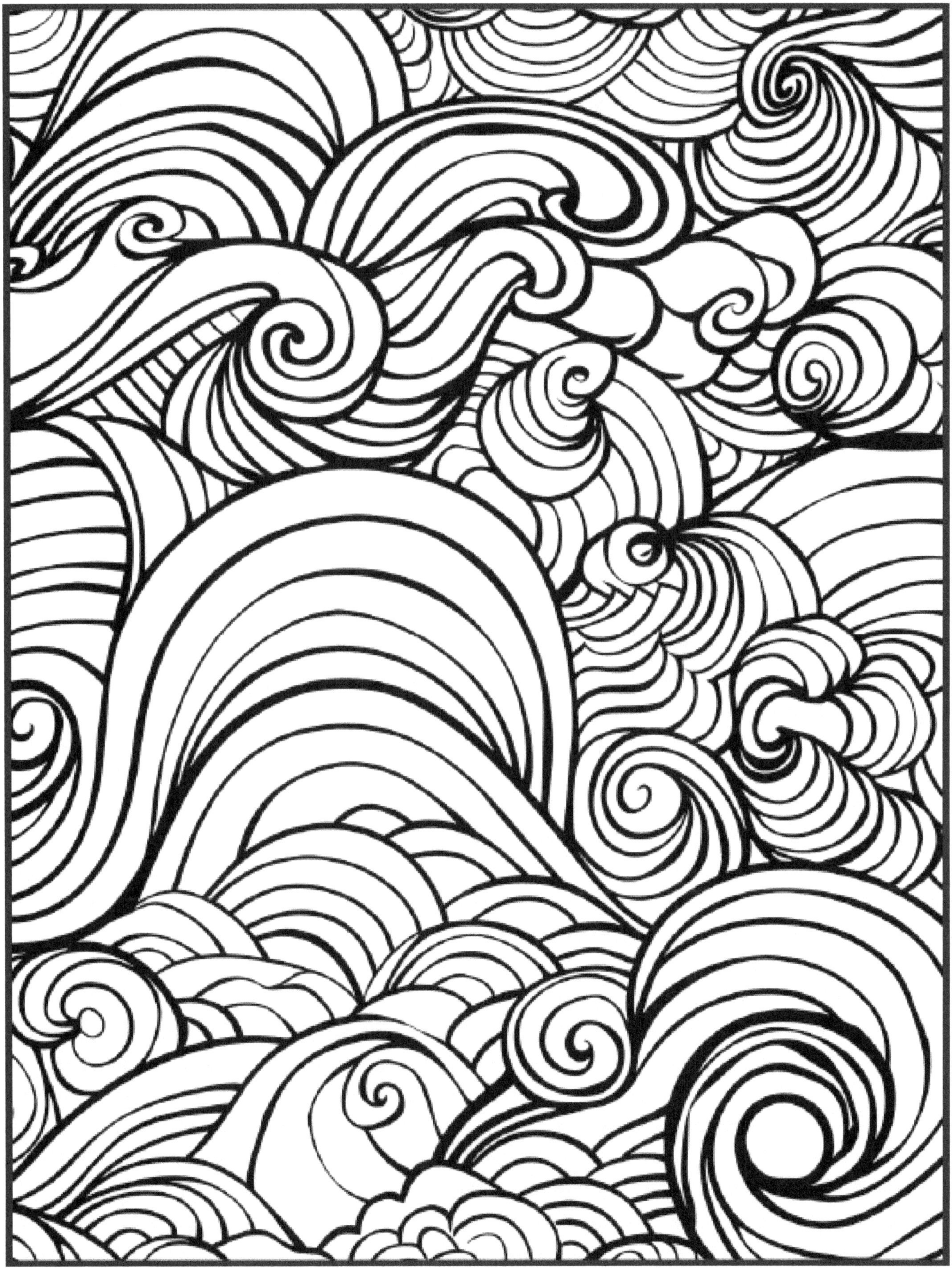

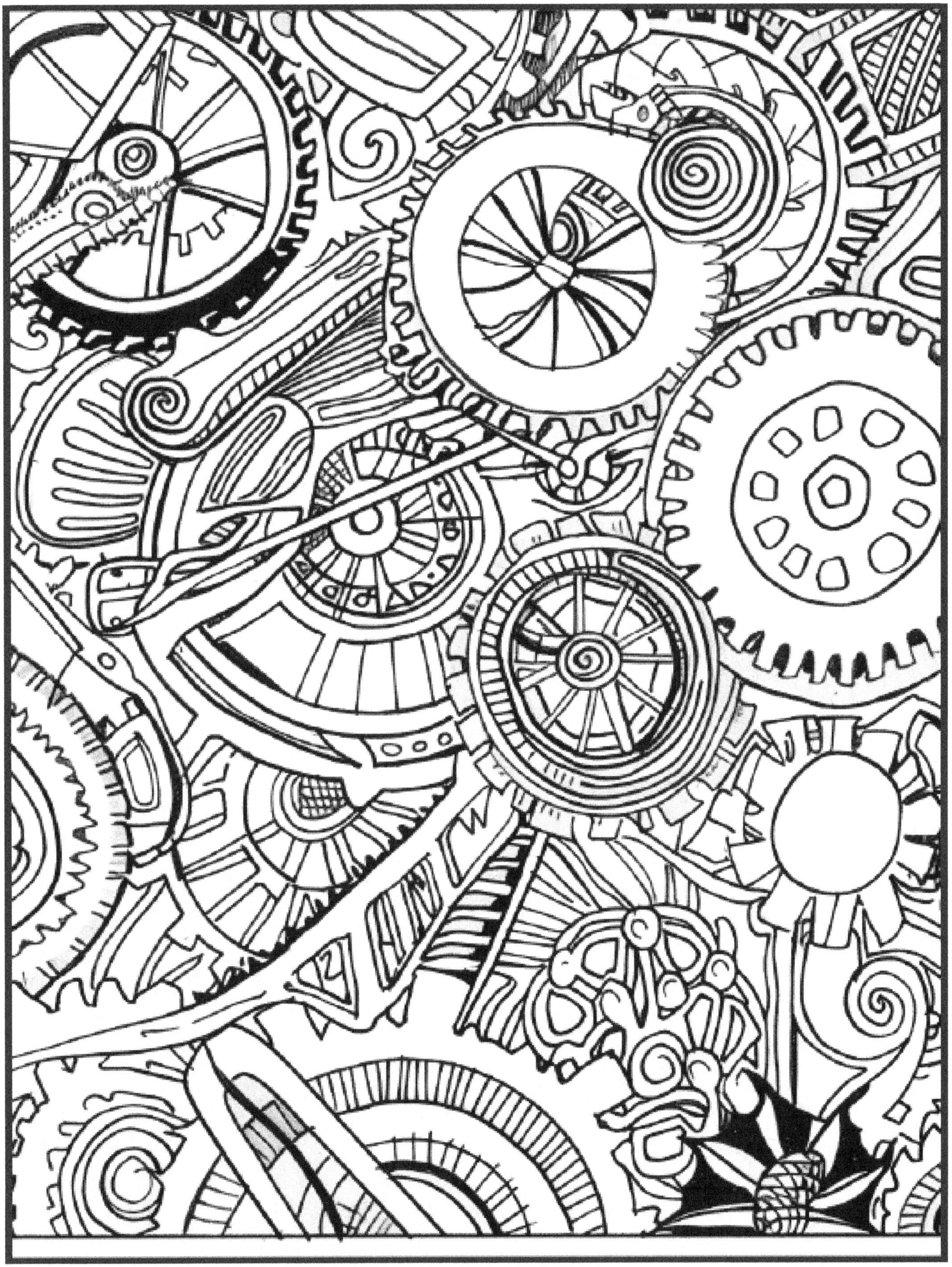

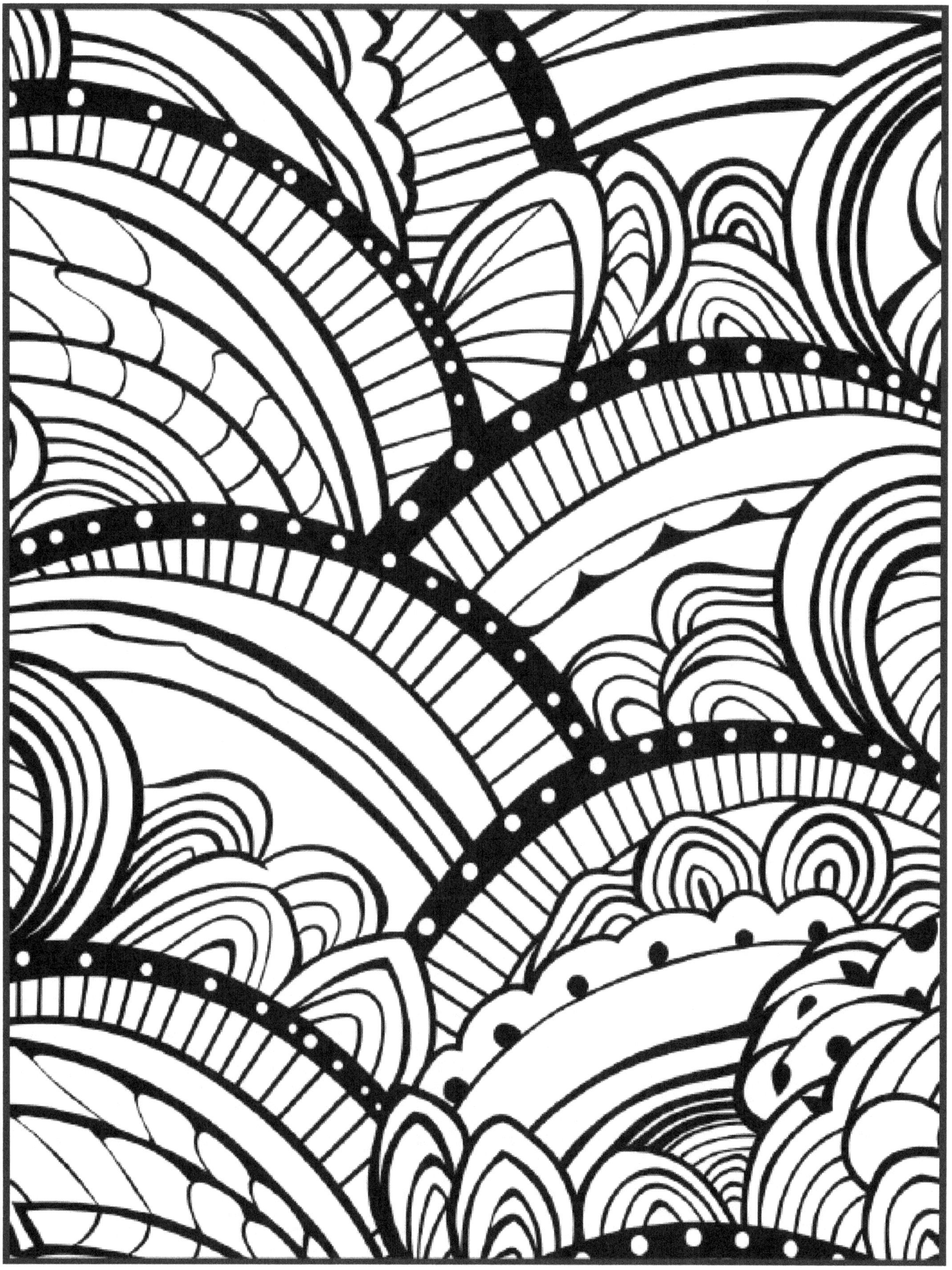

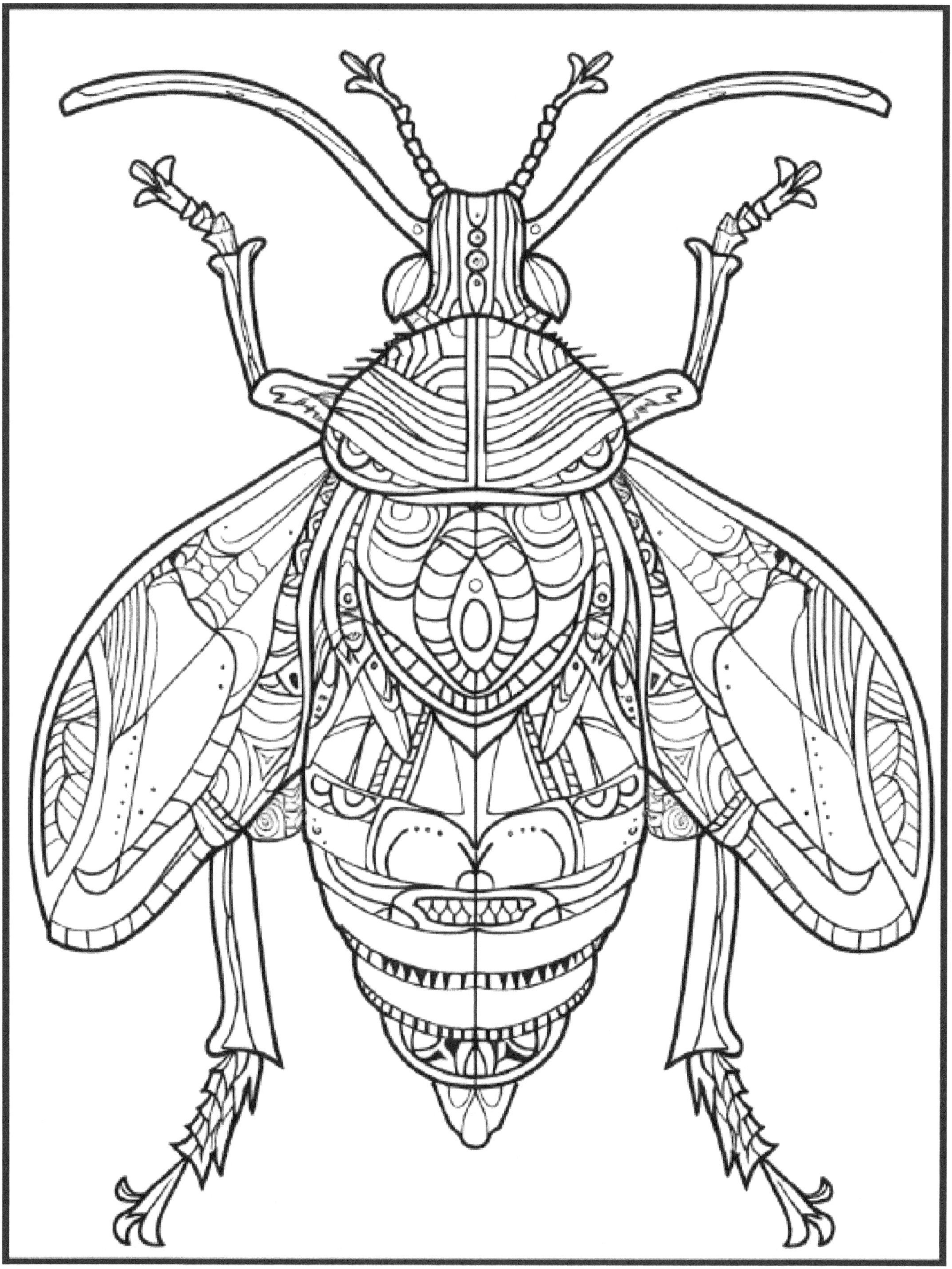

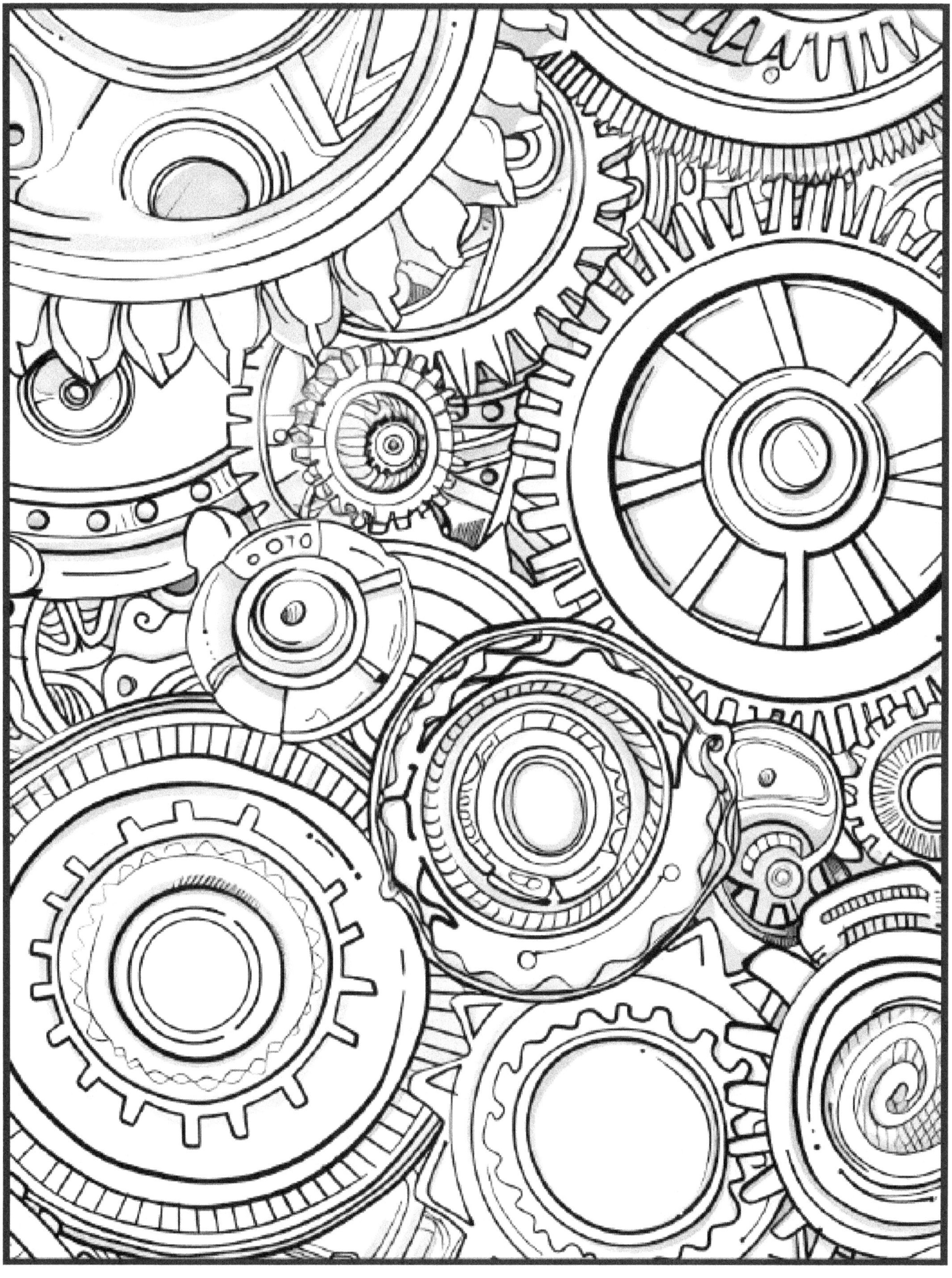

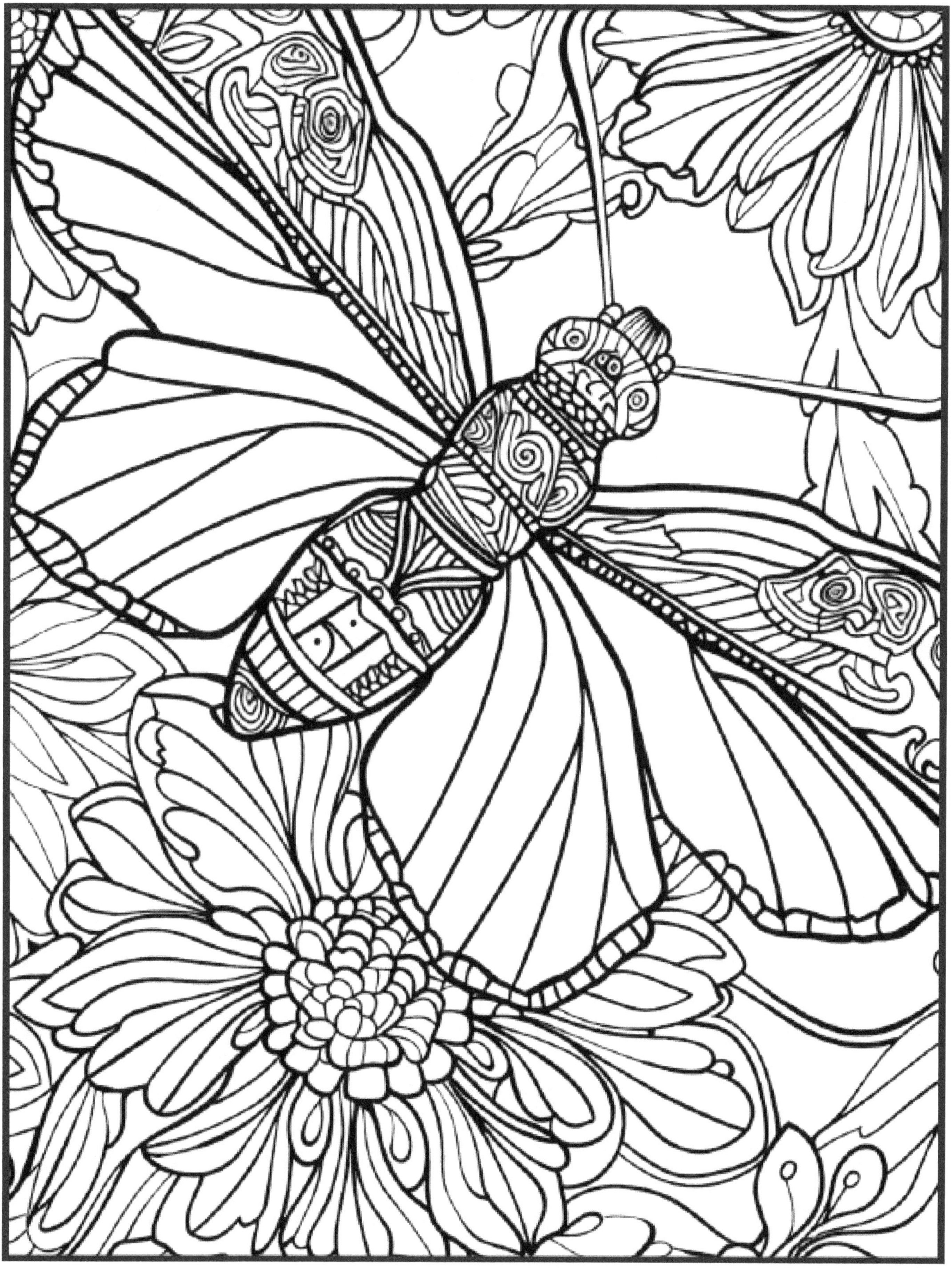

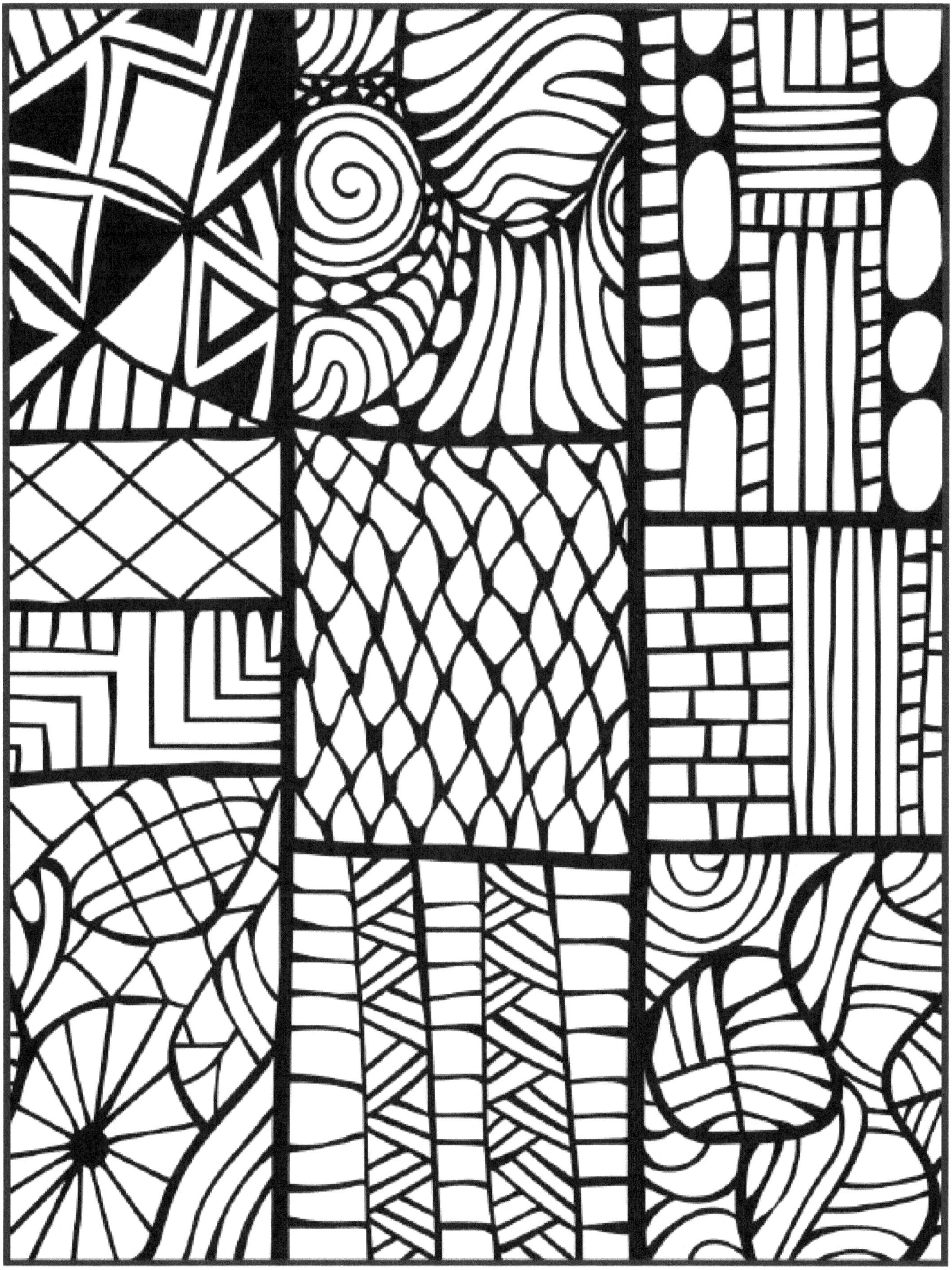

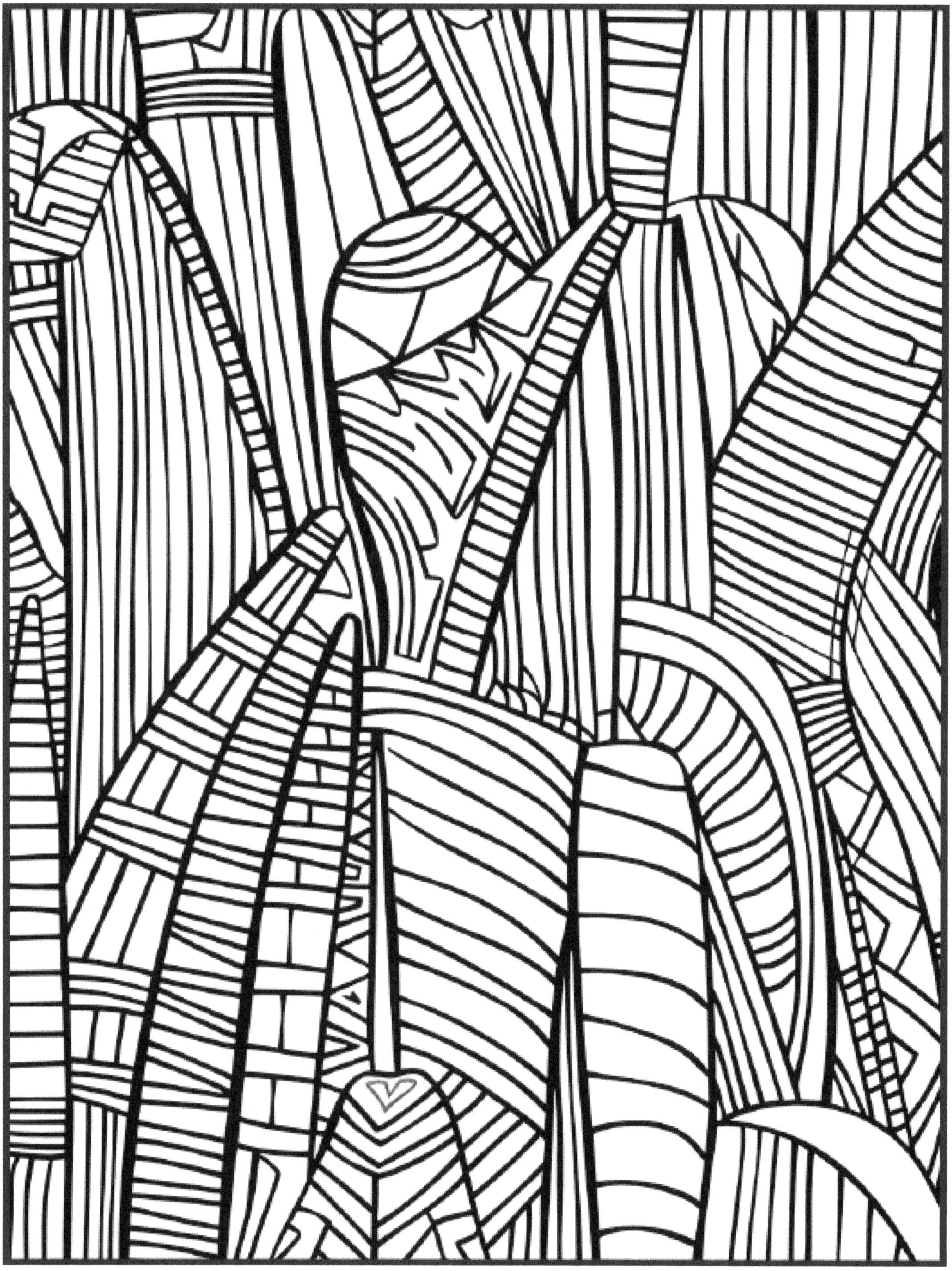

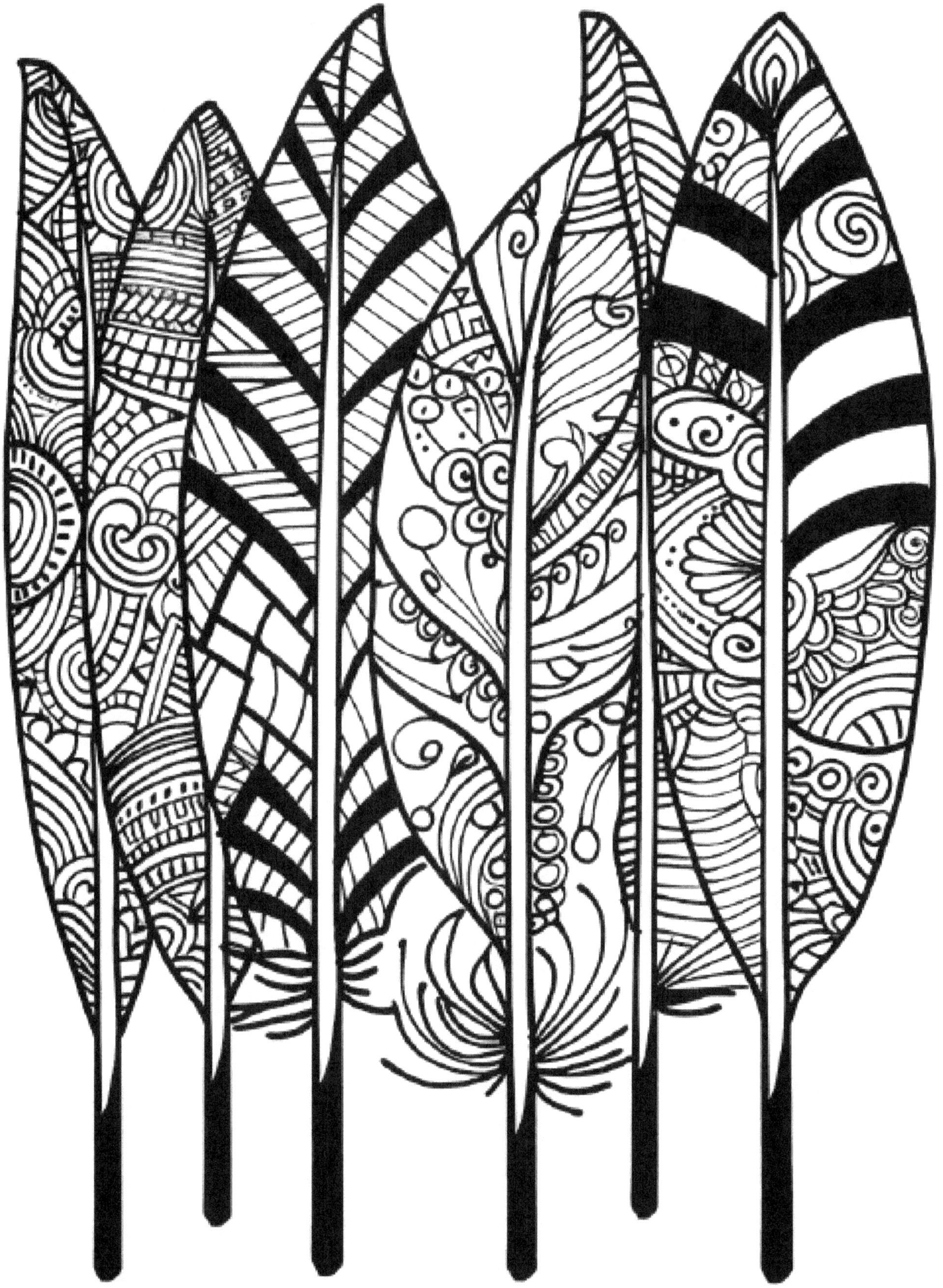

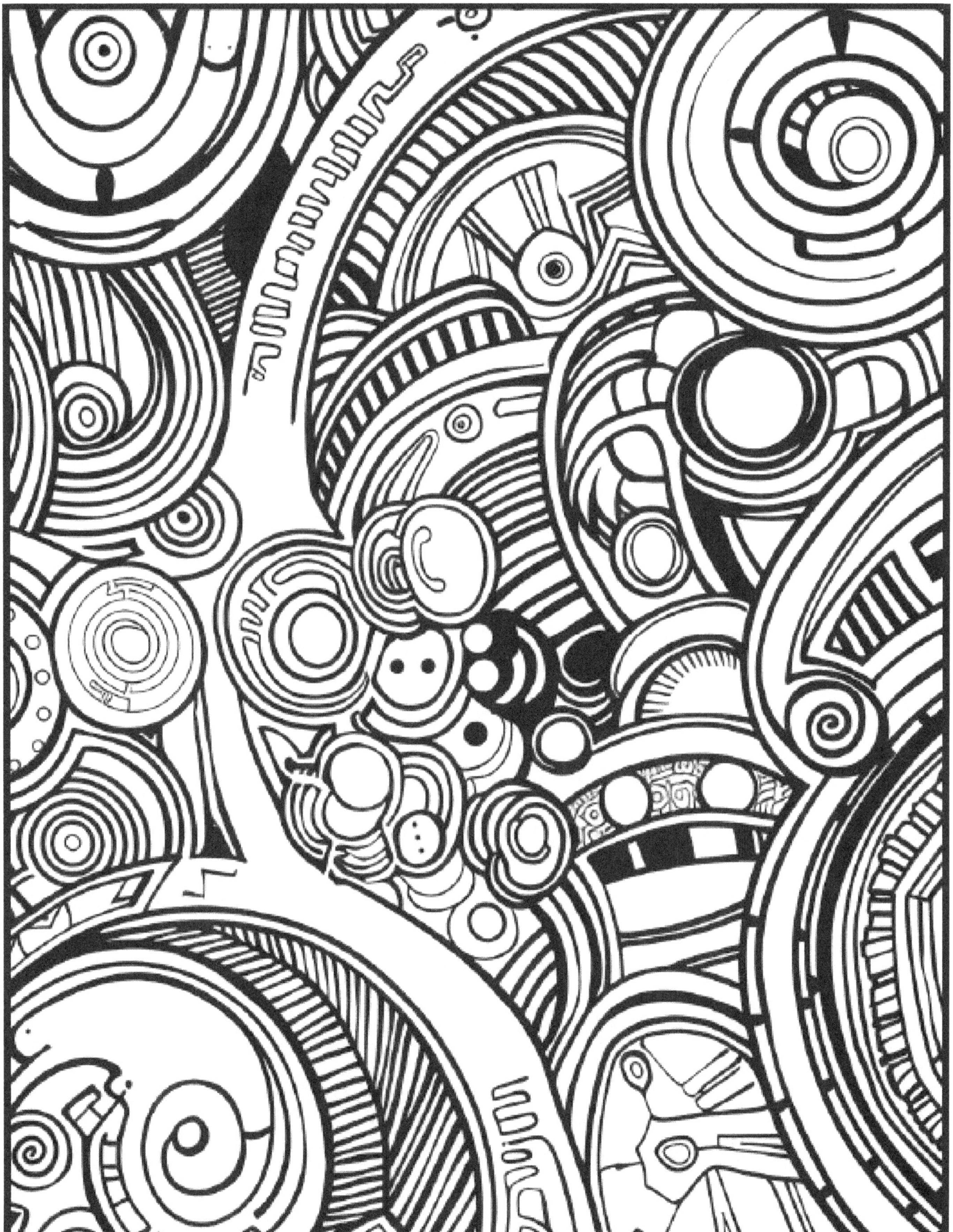

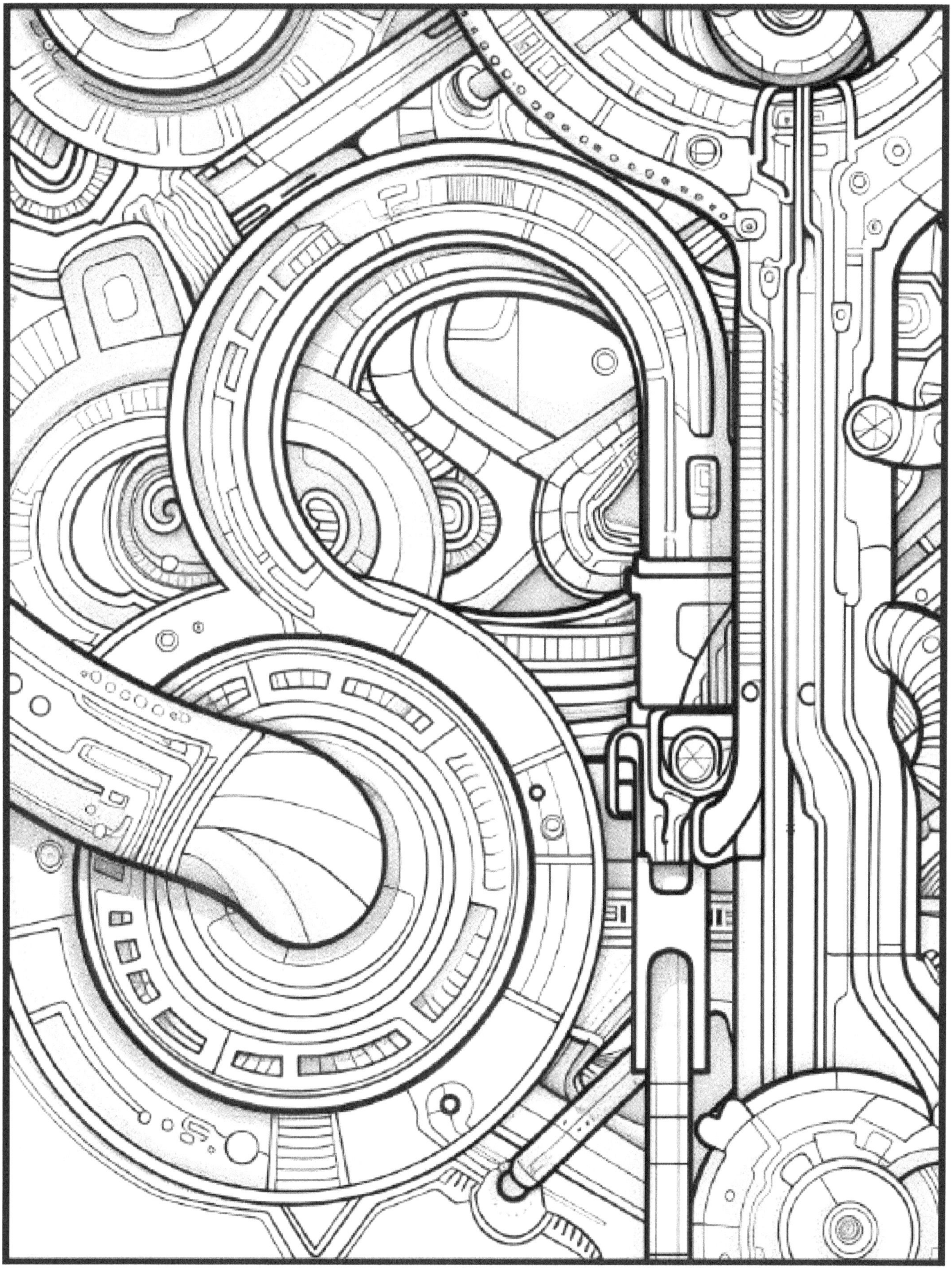

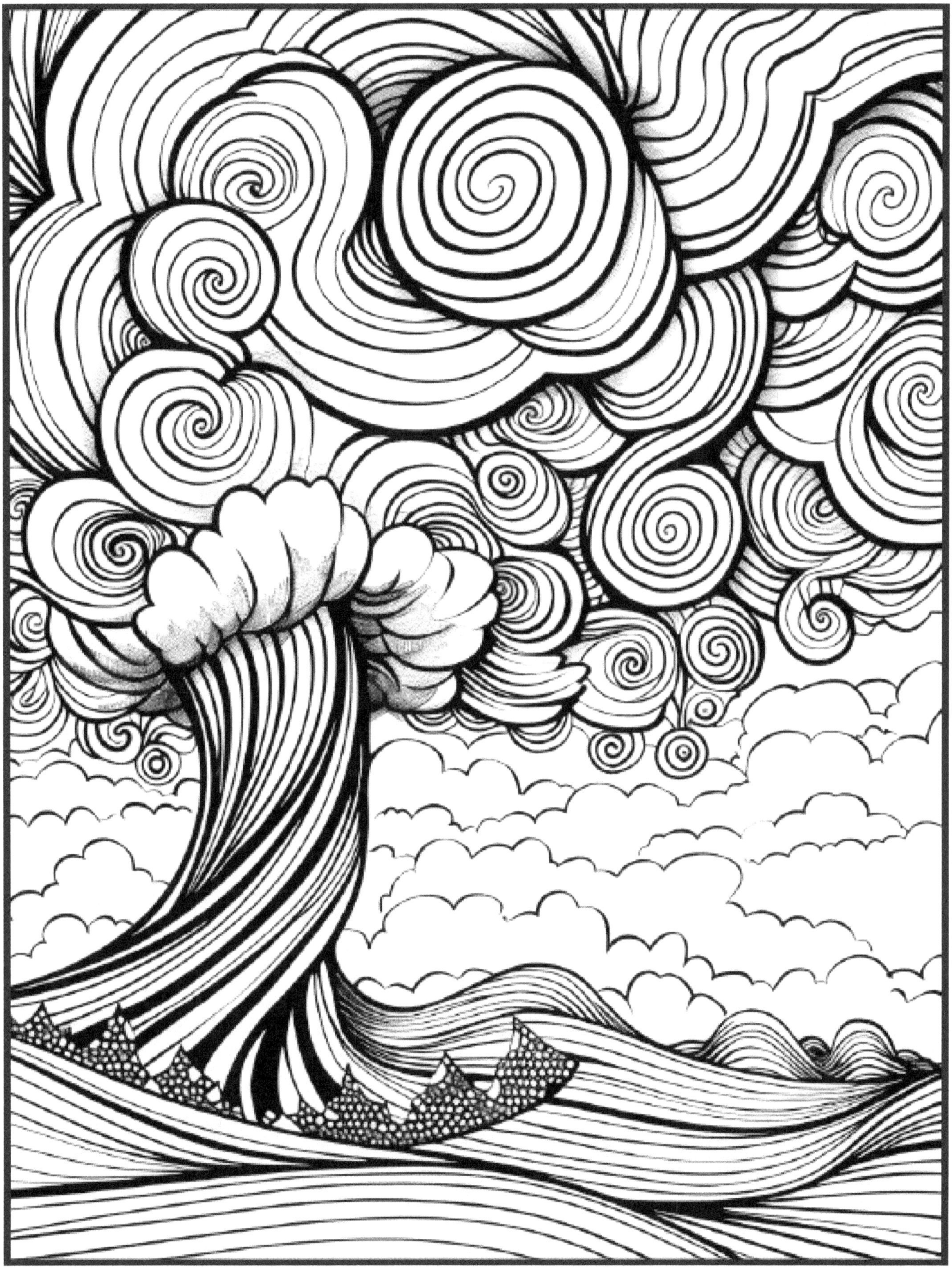

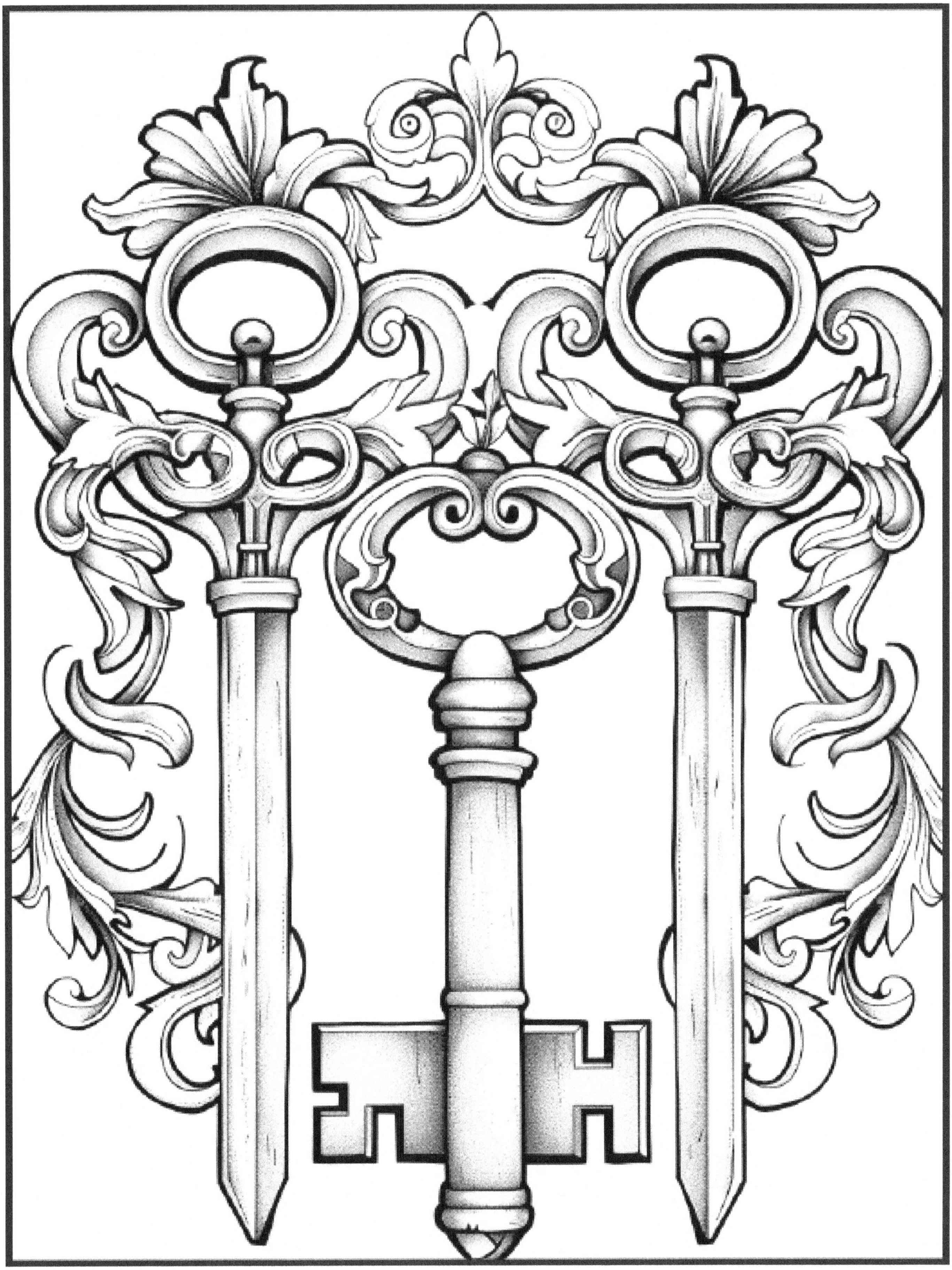

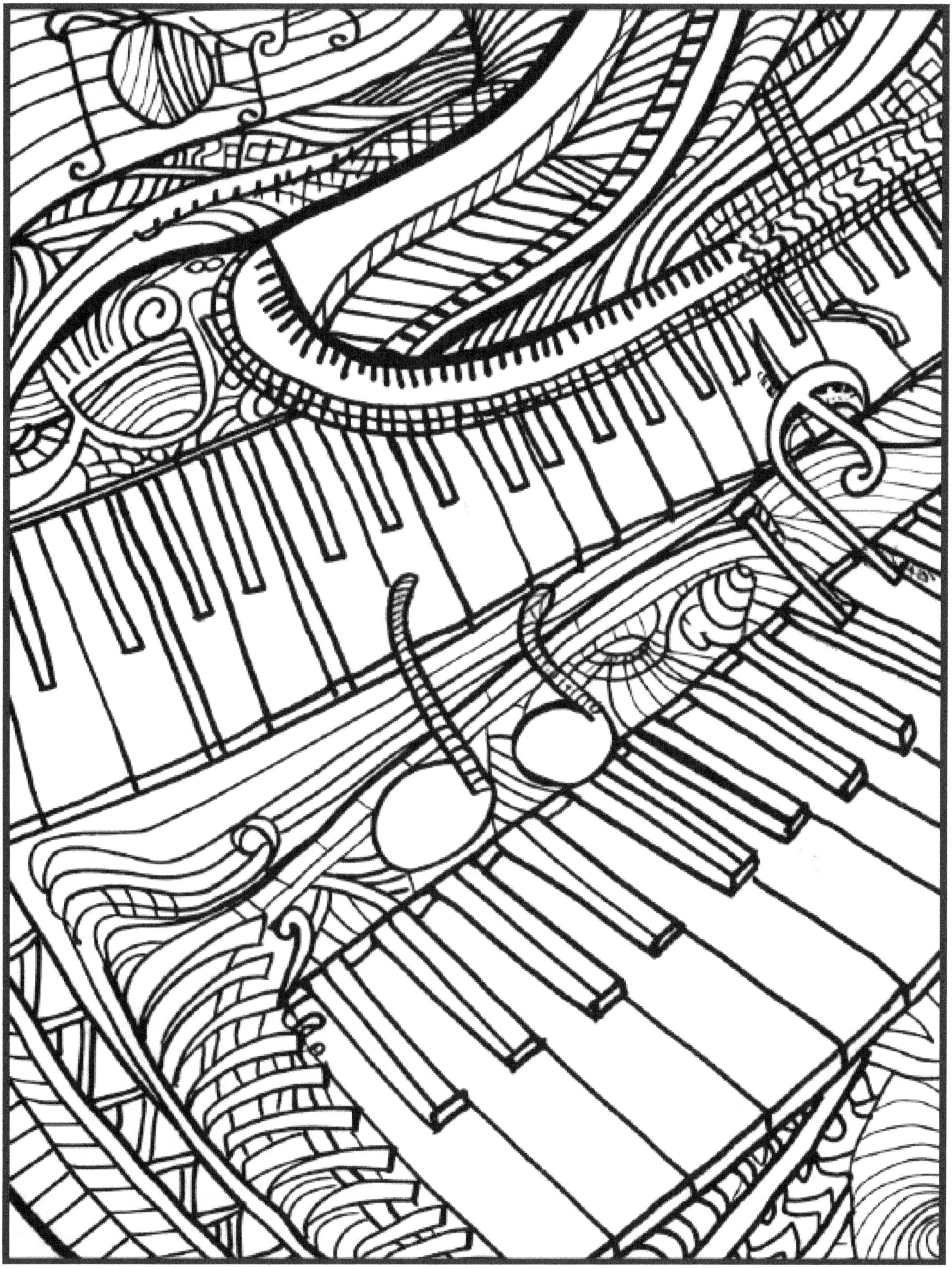

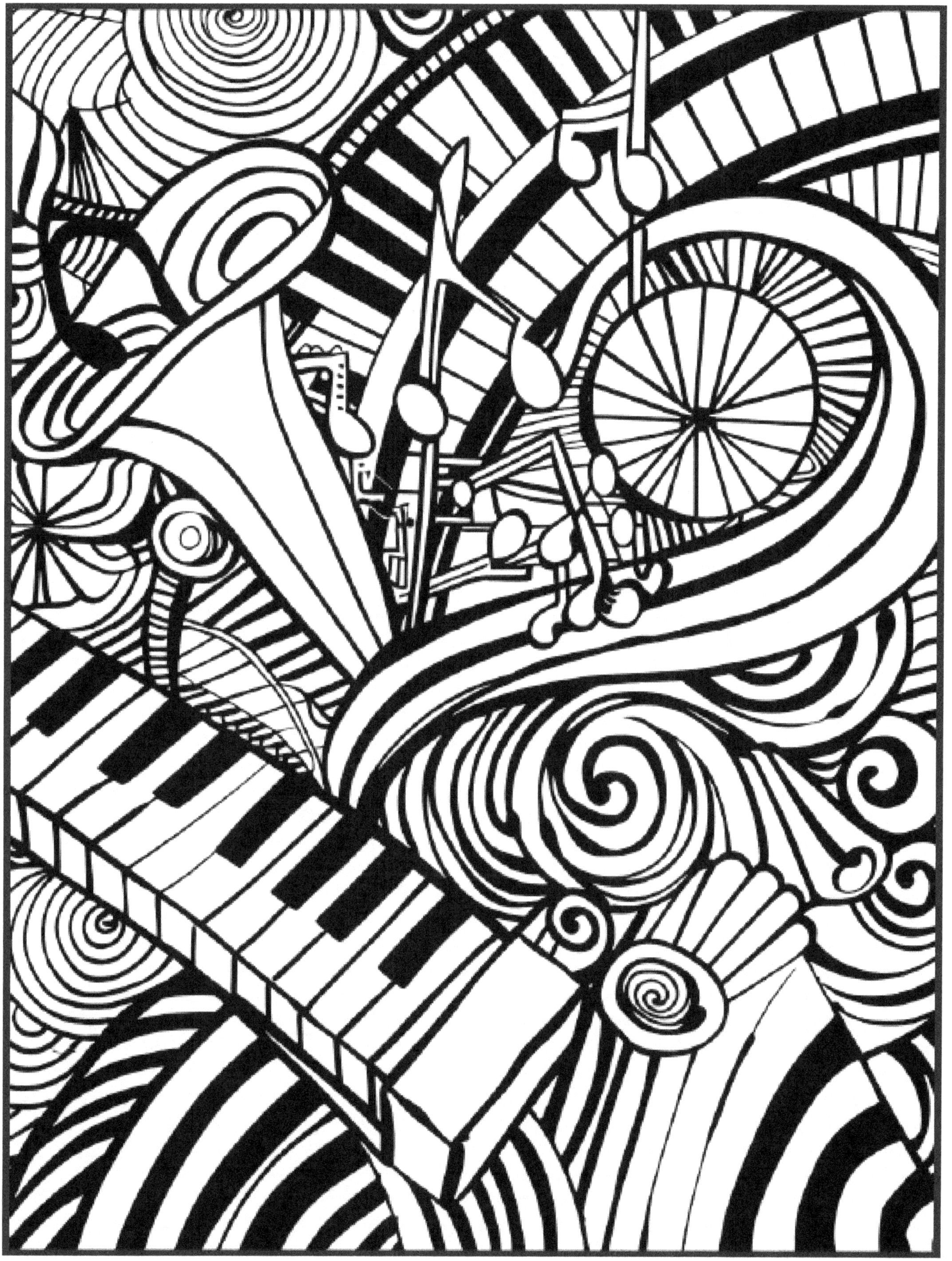

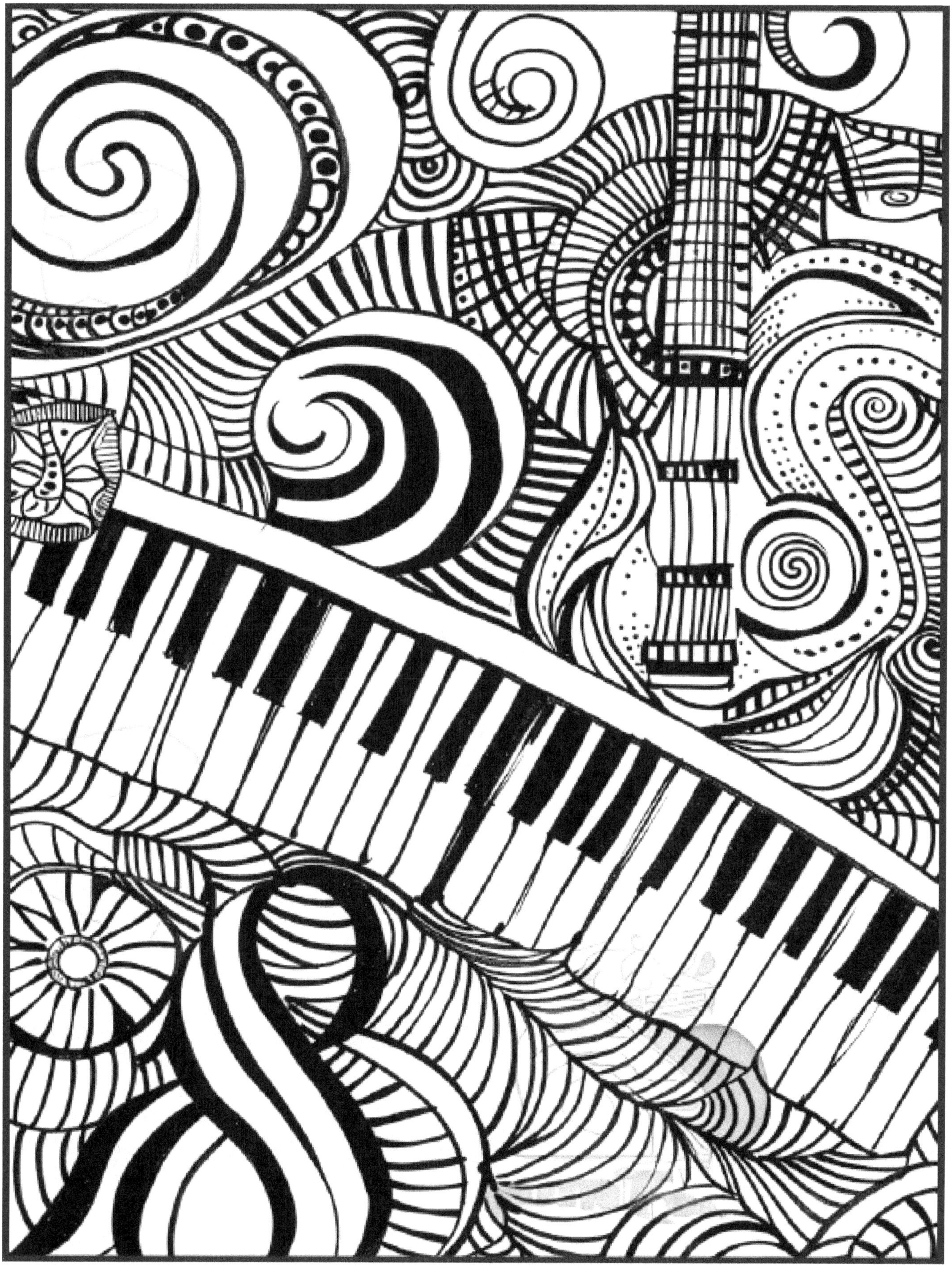

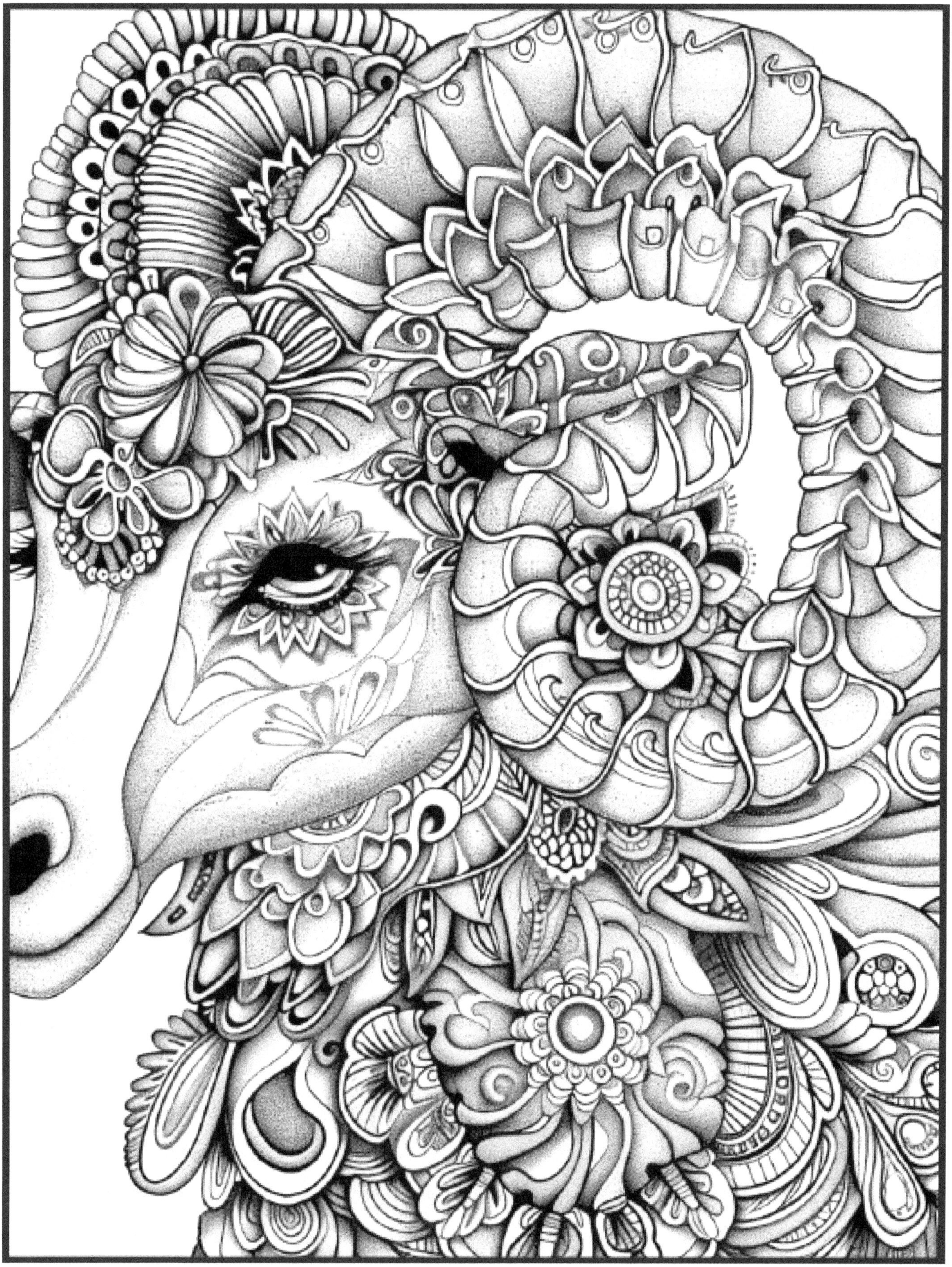

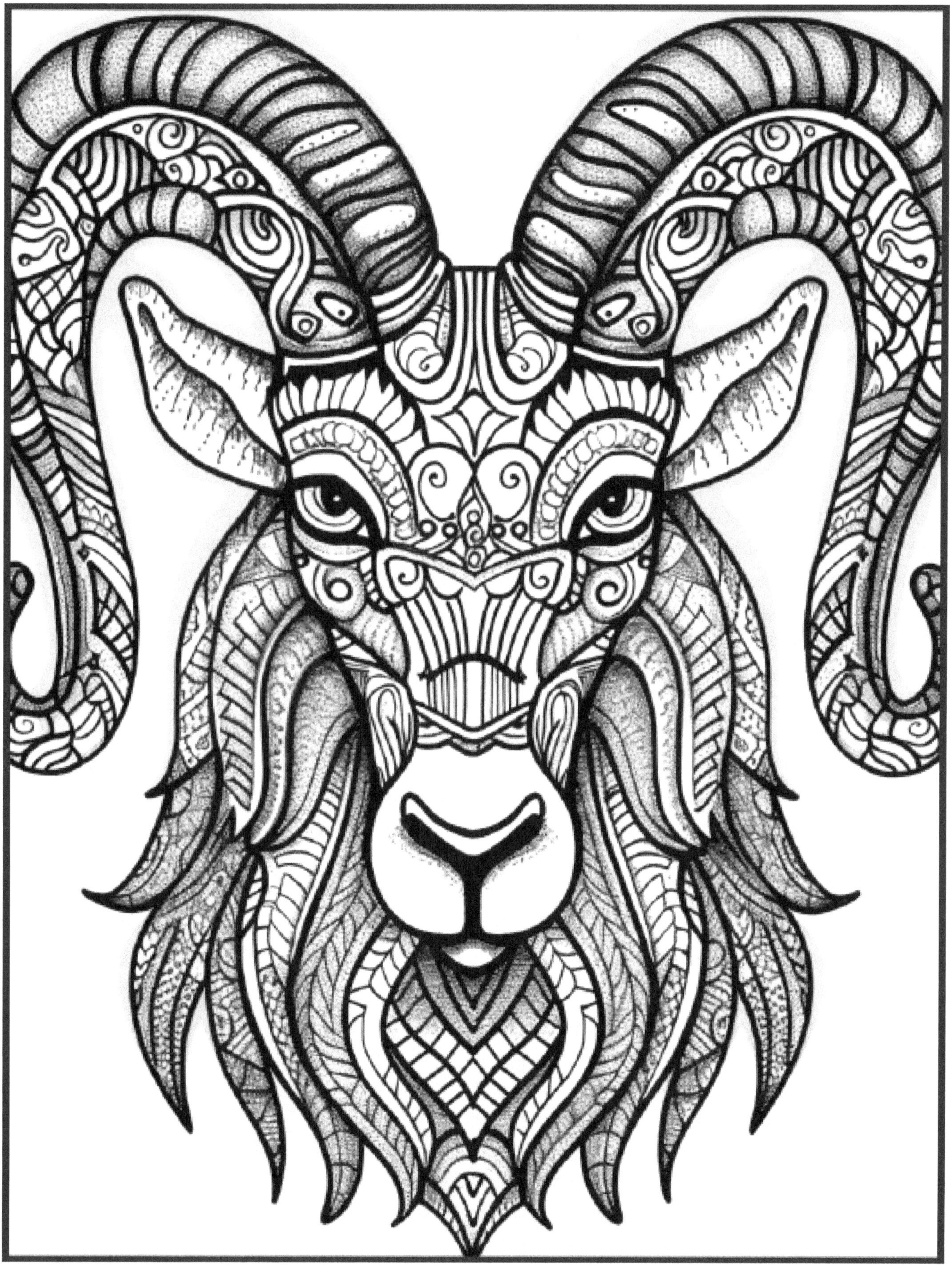

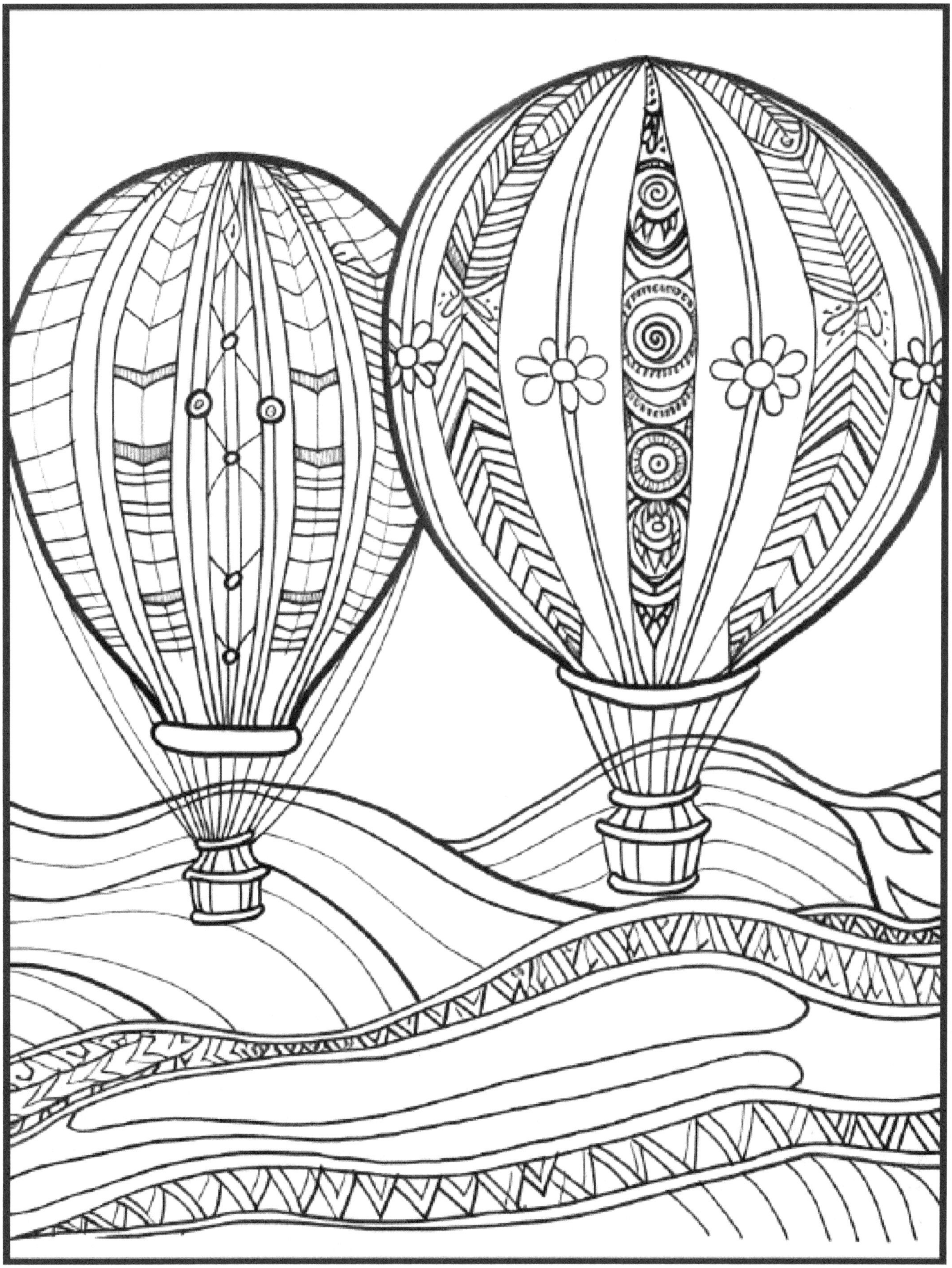

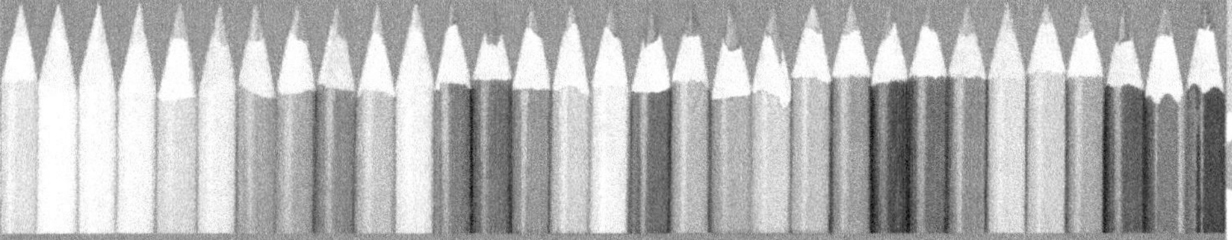

www.ingramcontent.com/pod-product-compliance
Lightning Source LLC
Chambersburg PA
CBHW062114220526
45471CB00010B/3733
* 9 7 9 8 3 2 2 6 8 8 2 2 8 *